物ぐさ道草

多田道太郎のこと

荒井とみよ

編集工房ノア

「物ぐさ道草——多田道太郎のこと」　目次

三章　「不安神経症」時代

四章　『複製芸術論』から「風俗学」へ

カバー絵「ソフト帽の男」秋野等　刻
エドモン・アブー『伯父と甥』多田道太郎訳本より
装幀　森本良成

一章　「日本小説を読む会」

山田稔という相方

一九五八年の十月ごろ、京都大学人文科学研究所の廊下で多田道太郎と山田稔はこんな会話を交わしたそうだ。

「こないだはどうも」
「何やったかな」
「『人間の条件』ですよ」
「あ、あれ、おもろかったな」
「ええ」
「あのままでは惜しいね、ずっと続けたらどうやろ」

「そうですね、やりましょう」

「あんた、やってくれる？」

「はい、やります」　（『日本の小説を読む』山田稔・二〇一一・編集グループＳＵＲＥ）

「日本小説を読む会」はうす暗い廊下の一角でひょんと生まれたのだった。「ともかく続けよう、二人きりになるまで」と誓いあった。

会話の中の「こないだ」というのは、当時ベストセラーの記録を更新していた長篇小説『人間の条件』（五味川純平）が研究所内でも話題になっていたが、一度落ち着いて話し合おうと多田と山田で発案した懇談会のことであった。報告は井上清。文学畑の人だけでなくいろいろな分野が集まって、なぜこれが大衆をひきつけるのかを自由に話しあった。それが面白かった。これが第一回となった。「あのままでは惜しい」、二人ともに強い手ごたえを感じた。「あんた、やってくれる？」「はい、やります」がなかったら「日本小説を読む会」（以下「読む会」と略記）は生まれなかった。

会報がなかった時代を先史時代と呼んでいた。そこでは多田、山田、井上のほか、飛鳥井雅道、松田道雄、飯沼二郎、梅原猛、沢田閏、杉本秀太郎らが報告をしたと記録にある。会報第一号は一九六〇年四月、閉会したのは一九九六年四月。八月は休んだから読書会は四一〇回を重ねた。会報が出たのは一四回からなので最終刊は四〇〇号。会員は流動的だったが、終わりごろの名簿には三十六人の記載がある。

一九六〇年前後、学生新聞に熱中していたわたし（奈良女子大学在学）は学生新聞編集者全国大会の企画メンバーだった。メインイベントの講演をだれに依頼するかの議論のとき「多田道太郎」の案を出した。彼が当時大衆文学の可能性について発言しているのに興味があったからだ。やがて安保闘争に入ってゆく学生運動の盛り上がりを目の当たりにしていて、その中でしきりに「学生大衆」ということばが使われるのに違和感を持っていた。大衆は啓発せねばならぬものという空気に対してのひそかな反発があった。多田に「大衆って何？」と聞きたかった。

京都の東一条にあった人文研（西洋部）を訪ねて初めて多田道太郎に会った。彼はすぐに講演を諾し、大阪市立大学で開催された全国大会は盛会裏に終わった、と思う。彼は「金色夜叉」を例にとって大衆が求めているものを語った。

その席で、壇上の隣あった席で「ちょっと話が」と彼はささやいた。それが「読む会」への勧誘だった。わたしと「読む会」との長い付きあいがこのようにいくつかの偶然から始まった。

多田道太郎はわたしにとっては何よりも「読む会」の人である。多田道太郎とは何ものだったかを考えようとすればわたしにはそこしかない。多田の発想、企画力と山田稔の事務、編集力、そして何よりも持続力によって「読む会」は四十年続き、会報が四〇〇号を数えた。その会報の中の報告と討論の頁を合本（上下）にして残すこともできた。

なぜ、いま、多田道太郎かを問うときこれらが第一資料となる。それに『多田道太郎著作集』の六巻を合わせて再読の旅に出ようと思う。あれから半世紀以上、結局ただ一人の師となった多田道太郎を追いかける旅だ。没後十三年でもある。そこでわたしは自分の人生をもたどりなおすことになるだろう。


「ぼくの人生で非常に愉快なことでした」


多田は『転々私小説論』（講談社文芸文庫・二〇一二）で、葛西善蔵、宇野浩二、井伏鱒二、太宰治を語っているが、「諧謔の宇野浩二」にこんな述懐がある。

――「日本小説を読む会」は山田稔が頑張った。四十年間やり続けて、生涯で非常に愉快なことだった。会員はみんな相当な自信家で好き放題をいう。橋本峰雄という神戸大学の先生が野間宏の『わが塔はそこに立つ』をからかって「わが塔はそこに立たない」といったら野間さんがえらい怒った。それでも割合好きなことをいうし、成功だった。ぼくの人生で非常に愉快なことでした。そういうものをあんばいしたのが山田稔です。会報は全部残っていますが、一回だけ白紙がある。ぼくがやるといって忘れたか欠席したので山田が懲罰のためか真っ白で出した。そのときのテーマが葛西善蔵の「子をつれて」。そのお詫びとして今回「転々私小説論」の第一回に葛西を取り上げたのにはこういう因縁がありました――

「ぼくの人生で愉快なことであった」と繰り返しているところが印象的だ。これはほとんど最後の仕事なので、いま読むとまるで遺言のようだ。あらためてみると、山田だけではない会員の人たち、杉本秀太郎、高橋和巳、福田紀一、本田烈などの名まえがあがっていて名残りを惜しんでいる風情だ。

多田が「読む会」で報告した作品一覧を年代順に並べてみる。

「金色夜叉」（尾崎紅葉）１９５９

「氾濫」（伊藤整）１９６０

「宴のあと」（三島由紀夫）1961
「ドグラ・マグラ」（夢野久作）1962＊
「いやな感じ」（高見順）1964
「野狐」（田中英光）1965＊
「子をつれて」（葛西善蔵）1966
「黒い雨」（井伏鱒二）1966＊
「現代史」（小田実）1969
「骨餓身峠死人葛」（野坂昭如）1970
「走れメロス」（太宰治）1970
「黄色い娼婦」（森万紀子）1972＊
「縮図」（徳田秋声）1974
「枯木のある風景」（宇野浩二）1974
「思ひ川」（宇野浩二）1975＊
「後鳥羽院」（井上靖）1976
「鮫人」（谷崎潤一郎）1977

「触手」（小田仁二郎）1983*
「世紀末サーカス」（安岡章太郎）1984
「アブラハムの幕舎」（大原富枝）1985
「それから」（夏目漱石）1986
「一条の光」（耕治人）1987*
「無名の南画家」（加藤一雄）1988*
「女と刀」（中村きい子）1989*
「象の消滅」（村上春樹）1990*
「空気頭」（藤枝静男）1991*
「彼」（川崎長太郎）1993*
「蓼喰う虫」（谷崎潤一郎）1996

——*を付したものは『著作集』に収録されている。

これらの「読む会」にいつもわたしは同席していたが、こんな素直な「愉快だった」「楽しかった」の感想を聞いたことはない。そうか、彼はそんなに愉快だったのか。二次会の終わるころには、「ああ、しんど、もう死にたいわ」と小さくつぶやくことさえあったのに。

会報は通例一頁目に報告レジュメ、二、三頁が討論の記録、最後の頁が「のんしゃらん」というコラムや編集者の後記で構成されている。頁数は増えることもあったし、コラムの名も四十年のあいだにはいろいろ変化があった。匿名で「いちびる」ことが賞揚され、それをみんなが楽しんで、だれが書いたかと犯人探しもした。編集は山田稔が担当した。山田が長期フランス滞在の時は何人かが代行した。

「楽しかった」会はどの会だろうか。もっとも早いころの報告は『宴のあと』であった。会報を確かめると、なぜか、多田の報告レジュメは頁の半分しかない。編集後記にその事情が説明してある。多田の原稿は車中執筆らしかった。忙しかったのである。半分白い頁のままにするか悩んだ末、山田は会当日のようすを記憶で書いて頁をみたした。

「ある日、ある時、高橋和巳君から、多田さんと三島由紀夫とは本質的に似ているところがある、といわれて、そうかいな、いちど三島をよんでみんならんな、と思うたわけです。それで大枚を投じてこの本を買うたんですが、——じつは昨日の午後三時から今朝の六時まで、安部公房と大座談会をやりまして（笑うてたんとちゃうか？）そこから直接こちらへ来たんで、家に置いてある本を取って来ることができず、仕方なし、泣く泣くもう一冊買いなおし、この本は二冊目なんです。それで、もうれつに三島に腹が立っている。こんなショウモナイ小説を二冊も買わされて。ボクに似ているなんていいやがった奴、ドツイタロと思うたわけです。安部公房に三島のことしゃべったら、彼も、あんな金ピカ趣味のもの、読みかえす必要ないと、うれしいこというてくれるんで、分析的に読みかえさずに出てきました。準備不十分の報告ですが、みなさんに大いに討論してほしいと思います」

そして、多田の報告はほぼ次のようであった——この小説はロマン趣味で飾られている。だから大衆の嗜好にかなう。死も美しく按配されている。少女歌劇の舞台から投げられるテープの美学だ。人生のどのような困難もヒロインの感懐につつまれるべきうたかたのようなもの。人はそれに陶酔すればよい。「なんという安らかさ。小説は人生の仮眠である」——

この会報は、いろいろなことを思い出させる。報告レジュメの原稿が半分しかないのに山田は困った。仕方なしに記憶で前半を書いた。まるで多田の文体で、後半の原稿と絶妙につながる。二重唱か輪唱のような空気がその日の「読む会」を立体化している。すると、あの日があざやかによみがえる。

たぶん、責任を感じた高橋が開口一番、「戦時中の厭戦的姿勢だけは崩すまいという点で…似ていると思う」。すかさず多田は「似ていないよ」。高橋は引かず「三島の描写はウマイ。彼以上のウマイ作家はそうない」。そこへ山田が「模写の職人のウマサ」と加わり議論は活気づく。それから三島の「金ぴか趣味」について多田は美学者らしく解説、しばしば爆笑であった。「金屛風――これが彼のエステチックのポイント。日本的バロックとでもいうか」。なるほど、終始多田は愉快そうである。

三島の金屛風に嫌悪感をあらわにした多田だったが、夫妻の結婚四十年の祝賀会にはなんとその金屛風が現れた。そして知人らしい老婦人が紋付の和服姿で音曲に合わせて大きな筆で書を披露するという余興があった。高橋和巳の「三島と多田さんは似ている」はなかなか鋭い批評であったのである。

いま一つ多田の報告でいかにも愉快な会として記憶に残るのは夢野久作の『ドグラ・マグラ』。一九六二年五月十二日の会だったが、名を聞いたこともない作家の、想像もつかない小説だった。出席者は普段より少ないけれども、高橋和巳、飯沼二郎、福田紀一、沢田閏、杉本秀太郎、佐々木康之、山田稔と常連が揃っている。千数百枚を越える長編で完読したのは三、四人と記録にある。わたしは全部読んでいたが、発言の記録はないから、何も言えなかったのだ。

レジュメは分かりやすく単純明快だった。これは誰にも真似のできない多田の芸当だった。複雑なものを単純にまとめて聞くものを唸らせる、あるいは煙に巻く。『ドグラ・マグラ』はいままでの日本の小説でおよそ類のない代物だったが、多田は食べやすい料理にして差し出した。泥絵の具の絵のような、悪夢のような物語、しかも日本と中国の古今の時空を自在に軽々と行き来する――ドグラ・マグラとは長崎地方の方言でバテレンの使う幻魔術のこと、バテレン言葉の土俗化したものだろうという。玄宗皇帝の時代から現代の日本へという壮大な大絵巻である。

多田は「発狂した呉一郎（主人公）の、記憶喪失の状態から「ドグラ・マグラ」ははじまり、不可解な殺人の背後がしだいに明らかとなり、ついには先祖呉青秀の犯罪にまでゆきつく。呉一郎の意識の暗がりから物語がはじまり、結末はやはり意識の暗がりで終る。それは同じ日の同じ時点なのである。したがってこの小説じたい、一つの輪廻となっており、輪廻思想という内味にそぐわしいみごとな形式をもつ」とまとめる。そして「たたりとか、因果、とかの「土俗」の臭いのこい仏教思想から、壮大な小説的宇宙を作りあげた作者にあらためて注目する必要がある」というのである。記録で見ると議論は活発である。日本的、いやそうではない。仏画の塗りつぶしのようだ。遺伝学の影響がある。日本のアナーキストに影響を与えた、いや、北一輝や大杉栄らに夢野が刺激を受けた、など。中国風陰惨さだ、いや陰惨でない。グロテスクという点では乱歩の方がすごい、小栗（虫太郎）はもっと陰惨、主人公をキチガイにすると何でもできる、いやそうではない、天才と狂気の間をいくもの、不確定なものは不確定なものを通してしか描けない、などなど。

「この小説は一体何を云おうとしているのか」（飯沼）という問いに多田は「輪廻思想だろう」と答える。「忠君愛国なるものは、皮をはいだら性欲その他ドロドロのものに根ざしている」という考え方だと答える。そして「ふしぎやなあ、福田紀一、高橋和巳に読ませたいと思ってたが。似ているから嫌いなのやろ。沢田閏も淫仙やから反撥するんやろ」と笑わせる。

議論に入れなかったわたしだが、夢野久作の小説はどこかで見た世界のような気もした。「土着」というものの感触をはじめて認識したのかもしれない。年中陽の射さない部屋もある古い家の長持ちの中をのぞくような感じだった。熱心な仏教徒である祖父母の輪廻思想は日常の道徳律として深く身に沁みこんでいた。多田をはじめとする大先生たちの方が異文化視している。このとき自分の成育史の根っこが宇宙に広がる文学の闇につながったと感じた。また「胎児」が母体の中で十カ月を過ごす間に夢を見るという話も強烈だった。その夢の中で胎児が元始からの遺伝子のらせんの糸をさかのぼるとは。その後、遺伝子について素人にも分かる解説が出たとき、もう一度驚いたものだ。あの小説は妊娠をする自分の体の感覚を刺激した。そこに宇宙があるという感覚。

だからといって夢野久作や『ドグラ・マグラ』に影響を受けたというのではない。こういう桁外れの才能はどこかおそろしい。自分の平凡さが思われてほとんど思考の外においているが、文学という世界の底知れなさ、その闇と広がりを知ったのが大きい。このことはその後現実の世界で理解に苦しむことに出あったり、得体のしれないものに立ちむかわねばならないとき、わたしを支えた。文学の果てしなさを信じようと思った。「読む会」がその導き手で、多田は船頭であった。このときの「読む会」ほど多田の発言が多い会はない。いつも彼はほとんど司会に徹していた。ときどきいじわるな質問をして困らせたり、笑わせたりした。

「不幸でまた幸福な芸術家」

この『ドグラ・マグラ』の記録をのせたのは会報の「二十五号記念特集号」(一九六二・六)。そこに富士正晴が寄稿している。彼は「読む会」の特別会員のような人で、ときどき姿を見せた。とくに会報にしばしば執筆してみんなを励ました。原稿料もないのに、わたしには文章教室のような気がしたものだ。題して「三枚半」、原稿用紙に三枚半でほぼ大事なことは書けるのだということを教わった。その彼が二十五号に書いたものはめずらしく長く、「広津和郎にものを聞く会の乱雑な司会記」。

富士は、ひょんなことから広津を囲む会の司会をする羽目になった。年の暮れに、雑誌「思想」(一九六一年十一月号)が多田から届き「文学者流の考え方——広津和郎について」を読んだところだ。まさかその人の司会をすることになるとは。「迷惑千万」といいながらも文体は軽快である。

この二十五号は多田の『ドグラ・マグラ』と富士の文章が並び、埴谷雄高、武部利男(VIKING編集長)の寄稿もあって、ちょっと壮観である。半世紀を経て冊子はボロボロで崩壊寸前だ。表紙の浅黄は色あせて頁をとめたホッチキスの錆びが茶色に滲んでいるが、多田・富士の名まえが並んでいるのを眺めていると、時差のある仮想の対談を聞くようだ。

広津和郎が後半生をかけた松川裁判が仙台高裁で全員無罪の判決となったのは一九六一年八月。その直後に多田が「思想」に広津論を書き、それを読んだ富士が本人との座談会に臨む。この二十五号が彼らの姿と当時の社会をまざまざと生きかえらせる。

茨木市が、話題の人・広津和郎を囲む会を企画する。市在住のただ一人の作家ということで司会の役が富士のところに来た。富士は断固ことわるが、からめ手で押し切られる。「思想」を送ってきたとき多田は「広津と富士は本質的によく似ている」といったそうだ。富士の心がちょっと動く。多田の論文中にある「ナマケモノのタカククリ」ということばにさらに動かされたようである。そしてわたしたちに「司会記」が残った。

富士は五十代、広津は七十代、松川事件の被告青年が付いてきていて三十代。参加者はわずか三十人そこそこ。会場から質問が出ない、いわゆる白けた雰囲気である。司会者はこういうことになれていない。困惑し窮した挙句、「どういうわけで作家になられたのか」と大砲のごとき質問を放ってしまった。

「この問いは悪くなかった。広津さんは何となく小説家になってしまったということを、老人らしく行きとどいた語り口で、幾分ひとごとのように淡白に、しかし、こまごまと話しはじめてくれた。ただ閉口したのは、わたし個人に向かって、わたしの方ばかり見て、じゅんじゅんと説いてくれることで、（略）何か大変きゅうくつになって来た」

照れ屋の富士正晴がオタオタするようすが見える。しかし、最後に大変まじめな結びがあり、笑ってはいられない。

広津は、労働組合運動に愛嬌が欠けているといったという。また、松川裁判で全員が無罪になったとき裁判官に感謝の意を表すべきだといったのに容れられなかったという。また、判決後裁判所で弁護団の演説があったが最高の高ぶりであったのであきれてしまったという。そして、ああいうのはほんとうは弱いから強がっているのではないかといったらしい。

富士は、とくに「愛嬌という言葉がこれほど意味深く使われているのを聞いたのは久しぶりであった」と長い記録を締めている。「愛嬌」、いまはほとんど使われていない。

回り道になるが、多田の「文学者流の考え方」はどういうものであったかにふれないわけにはいかない。この論文は、松川裁判勝利の直後に書かれた、まさにジャーナリスティックそのものの論文である。時流には乗らぬと不機嫌居士を自称しながら多田はマスコミの売れっ子になりつつあった。この「広津和郎論」は、その後『複製芸術論』に収録された。

久しぶりに読んでみると分かりにくい文章である。時の人となった広津をマスコミはヒューマニストとたたえて、市民的権利を守って闘う作家とはやしていた。多田はまず、それらに反論する形で書く。不思議なのは、当時のわたしにこれは少しも分かりにくくなかった。むしろ、松川裁判勝利の興奮の中で大きな感動をもって読んだのである。

広津の松川裁判闘争は長かった。彼はもう小説を書く人ではなかった。新聞に講演に果敢に姿を現して世論を喚起していた。いよいよ仙台高裁の判決が出るというころ、わたしも彼の講演を聞いた。各地の大学を講演して回っていたようだった。中野好夫と二人連れで来ていて、広津は松川事件の概要を話し、それがいかに不当逮捕であるかを話した。雑誌や新聞で目にする彼の主張以上のことはなかった。中野がその後をとって「一週間ほどの広津と講演旅行をともにしているが、この間、毎日松川事件の話ばかり聞いてきた」といかにもうんざりの調子、わたしたちは同意を込めて大いに笑った。その講演会のすべてを忘れたが、唯一、この作家の「愚直」と「一徹」のさまが記憶に刻まれて消えない。それが富士の文章と心地よく響き合うのである。

一方、多田の「文学者流の考え方」はなぜ分かりにくくなっているのか。

冒頭、二つのエピソードがある。広津が長男と新宿を散歩していて警官に、おいこら、ちょっと来いと呼び止められた。長男が手配中の男に似ていたらしい。「調べるにしても、もう少していねいに」というと、警官は「訊問、検束は警察の自由だ」といった。「これは一つの恐怖である」。広津は怖がりの人である。

もう一つ、口に釣り針をかけられた猫の話。となりの部屋で父母が世間話として話している。猫が口に釣針を引っかけられたら堪るまいと広津は思う。ああ、可哀そうだと。「私は何ともいわれない圧迫を心臓に感じて来て、じっとしていられず、頭に浮んで来る猫の苦しがっている姿を掻き消そうとして、夜具の中にもぐり込んでしまった」。猫の苦しみが広津の痛苦なのだ。

広津の文章は戦前に書かれたものだ。多田は、それが戦後の松川事件調査につながっているいることをいおうとしたにちがいない。国家権力というものへの恐怖、そして猫の口に釣針をかけられるという思いがけない凶事はだれの上にも起こりうる、そうなったらどうにもならない。「被告の青年たちは澄んだ目をしている」と老作家が不明瞭な声で呟くようにいうのをわたしは聞いたから、多田がマクラにした猫の話もすぐに被告たちの不運に結び付けて読んで理解できたのだろう。しかし五十年後の今、松川裁判はほとんど忘れられている。わけが分からないままに口に釣針をかけられた被告たちのことも知らない。国家権力の恐ろしさも感じていない。だから分かりにくい。

多田がめったに文学論を書かなかったこともあり、わたしには忘れがたいものだったので、再読して愕然とする。これは何だろう、何をいおうとしているのか、あまりにも落ち着きのない文章だ。当時は安保闘争も収まってはいなかったし、国家権力というものの理不尽さに社会全体が敏感だったのだ。だから、広津の大正時代に書かれた極私小説「線路」「やもり」の話も国家権力に対する「極私」の居直りとして読めたのだろうか。そしてわたしはひどく感動したのか。

「生命のうごきはとらえどころのないものである。複雑で不透明でぐにゃぐにゃして、何とも得体の知れないものである。しかし動物の生命のうごきは、しばしば単純で直截《ちょくせつ》である。われわれの生命感をそうした動物の生命のかたちのうえに重ねて、美的な認識となぐさめをうるというのは、わたしたちの、とりわけ私小説作家の知恵である。広津和郎もまた、そうした知恵者の一人である」

「われわれ」といったり「わたしたち」といったり、いかにも大急ぎで書かれた感じである。文章も転々と飛躍するし、繰り返しが多い。要約すれば、広津という作家は、土着的自然主義美学の追求者であったが、小説は「ヘタ」だったという。「怠け者のタカククリ」というのも平野謙のことばだが、多田はそれを巧みにつかった。広津のその投げやりさが強さだという。だからコミュニズムにも向かわなかったというのである。広津を語っているようでいて、果たしてそうであろうか。

「広津和郎は心境の象徴を見つけるのにたくみではなかった。アイドルであった。投げやりであった。というのは、一つの象徴をぴたりとみつけるには、かれの心の「雑音」があまりにはげしすぎたのではあるまいか。芸術に安住するにはあまりに敏感な耳をもっていた。その耳は、芸術的表現に不都合な現実をも、とらえてしまうのである。かれは美のかたちをもとめるまえに、雑音に耳をかし、雑音にとらわれ、そして「芸術」をいつも途中で投げてしまった、不幸でまた幸福な芸術家であったように思われる」

松川事件は雑音なのか、そこにとらわれて芸術を投げだしたというのであろうか。学生だったわたしは松川裁判の闘争こそ広津の名を文学の歴史に刻するものだと思った。これが広津の文学だと思い、文学の意味を変えた人だと思った。それでいて、多田論文にも感動していた。

「広津和郎というひとは分析できかねるふしぎな叡智をそなえたひとである。ただ、かれの叡智が「芸術的完成」といったものを投げすてたところに生まれたことはたしかである。（略）「文学者流の考え方」とはまことに呑気なものである。侵略と戦争をテコに、政治家も軍人も、そして学者も、力をたくわえ「発展」してきた近代日本において、これはまたなんと極楽とんぼの生きかたであろうか。しかし、呑気のうらに、空しさをかみしめている苦渋があるのである」

どうやら松川事件は棚にあげている。そして「侵略と戦争とをテコに」発展してきた近代日本にかかわりたくない、部外者でいたい、呑気にいたい、しかし苦しんでいたい、それが広津和郎であるというのである。「文学者流の考え方」といいながらこれは「多田流」の披露に見える。「多田流」の信奉者であったわたしは「文学者流」

と「多田流」の混同に気づかず、そこに矛盾も感じていなかったらしいのである。

「みんなを伸び伸びさせて、笑いのうちに本当の感じをつかむ」

先に書いたように「諧謔の宇野浩二」には「読む会」の紹介がいろいろと出てくるが、多田はこの会の本質について「みんなを伸び伸びさせて、笑いのうちに本当の感じをつかむ」といっている。芭蕉が始めた連句の世界に近いといっている。

この連句の世界というのは、「読む会」の初期から多田の想念の中にあったらしい。「百五十号記念」（一九七三・九）に「読む会の精神」という座談会がある。多田、山田の他に沢田閏と森田雅子が出席。

山田「報告がどんなにつまらんでも議論はおもしろくありうる」

沢田「自分の書いたものだと、憎んだりなれ合ったりするけど、他人の作品だからそれがない。しかも互いに相手の個性を知っているから、いかにもあいつらしい発言やなと思うたり、思いがけない発言があったり、そこがおもしろい」

多田「それが連歌の会や。日本文化の伝統やと思う」

もう一つ、多田は「三百号記念号」（一九八七）に短いエッセイで、坂口安吾の「居酒屋の聖人」を紹介している。戦時下茨城の取手に住んでいた坂口は近所の居酒屋で、百姓や工員が安酒を飲んで酔っ払い、「近衛をよんでこいとか、総理大臣は何をしているか」などと気炎を上げるさまを描いている。この議会食堂では、概して怠け者に限って総理大臣の気炎をあげがちだというのである。弱いものほど大声をあげる。

多田は「読む会」の二次会（通称、笑う会）をこれになぞらえる——辛うじて北川荘平に総理の幻を見る。ほかには山田稔、福田紀一が総理有資格者だが、福田は酔うても「いうてはなんやけど」「逆にいうと」「ある意味では」の口癖抜けず、憂国の文部大臣の気概もなし。山田の酔いは内閣官房長官の風貌のうちにくぐもり、居酒屋の総理の器にあらず。他の人たちに至ってはへらへら笑いのへなへな陣笠——多田は「笑う会よ、あかんやないか、もっとしっかりクダをまけ」と叱咤激励している。

坂口安吾が戦時下で自信をなくして毎日寝ている。あせりぬいていながら一字も書けない。夕方になるとその居酒屋へ行き、百姓や工員が総理大臣になる気焔を聞く。書けない作家は身を切られる思いだ。「坂口安吾の取手での暮らしの中の身の処し方、姿勢は複雑に骨折していて、はなはだつかみにくい」。多田の深い共感が「複雑に骨折」というところにうかがえる。が、今はそのことではなく、居酒屋の騒々しさと「連歌の会」というのが多田の中では連動していることをいいたい。そこに多田は「読む会」の望ましい姿を思っていた。「読む会」の初期から最後に至るまで、連歌の会という形が彼の中にあった。

『転々私小説論』の中でも次のように――「日本小説をよむ会」では勉強してこないことがいちばん大事なこと。感動したこと、しょうもなかったことを正直にいう。それをあんばいしたのが山田稔です。とくに文芸の場合は、本音をいわなければ、何のために集まっているのかわからない。本音がいえて、それで愉快になる。これが芭蕉が始めた新しい連句の世界です。みんなを伸び伸びさせて、笑いのうちに本当の感じをつかんでいく。これはそれ以前の連歌の世界とは全然違う一種お笑いの世界です――一九七三年の「連歌の会」を二〇〇一年になって「連句」に修正しているが、多田のイメージは一貫している。

『帝国軍隊に於ける学習・序』（富士正晴）報告は橋本峰雄、第六十八回の「読む会」である。一九六五年二月二十日。橋本は当時神戸大学の教授、哲学者で、鹿ケ谷の法然院貫主であった。「読む会」では和尚と呼ばれていたが会員の時期が短かった。いわゆるお客様。テキストと報告者の組み合わせが鮮烈だった。橋本は多田が友人の中でも最も心を許した人だとわたしは思っている。橋本の早すぎる死を「辛い」と漏らしていた。

会報によれば多田は遅刻してくる。また記録者・山田は近々痔の手術を控えている。「尻の痛みに顔をしかめつつ」出席し「痔にありて字を忘れず」記録。この小説の作者・富士正晴は読む会のアイドルである。しかも「帝国軍隊」がテーマで、いかにも雲行きは波乱含みだ。

橋本は「この作者はとても偉い人と思うが、好きになれん。こちらが軽蔑されそうで」と正直だから、発言は活発になる。最後の方では、若い西川長夫が「ぼく富士さん偉い人と思うし、興味もってるが、大学の先生たちが富士さんをとり巻いているのは率直にいって不潔な感じがする。ぼくの理想像が汚されるみたい」という大砲を放つ。

「読む会」の連句的性格をこれで説明しきれるわけではないが、議論中に次のやり取りがある。富士の文体について、山田「あの文体が興味ある。どこから来たのかな」。多田「そんなことわからん。山田稔の文体がどこから来たかいわれたら困るやろ」。山田「そら簡単や。オシリから」

会場は大笑いである。痔の手術を控えている山田を多田は挑発し軽妙に受けている。こういう掛け合いで重いテーマを議論しながら、「みんなを伸び伸びさせて笑いのうちに」何かをつかませた。

多田の司会は他の追随を許さないものだった。忘れがたい一つ、第二九七回（一九八六年）の「白夜を旅する人々」（三浦哲郎）報告は飯沼二郎、多田は会を締めくくるとき「津軽海峡冬景色」は最後の歌謡曲、これは最後の私小説といった。議論のほとんどを忘れたが、しみじみとした寂しさ、「読む会」が読みたい小説もなくなっていく予感があった。

「読む会」に芭蕉みたいなカリスマはいない。「読む会」をつくるとき多田と山田のあいだで「リーダーをつくらない」ことにしようと決めた。「僕は人の長になれる人柄じゃないんです。小学校の時から級長にさえなったことがない」（『著作集』VI巻解説対談）。リーダーにはならない多田が山田と組むと絶妙な雰囲気をつくった。それは、「なんとなくほんとうのものをつかませる」妙薬にもなるのであった。

「人生にカタルシスなんてない」

山田がつくった「読む会憲法十カ条」の中に次の項目がある。「会員たるもの、特別な理由をのぞき、報告の要請を拒むことができない。「多忙」は断りの理由とはみなされない」。「読む会」の後半、多田は欠席がちになる。忙しいからなのだが、報告の義務を一年に一回はたしている。たぶん、山田が「多田さん、そろそろ、何かしてください」という。そして「読む会の憲法」を思い出させたのであろう。多田が律儀にそれに応じたのが一覧表で分かる。「お正月興行」といった一月例会を担当することが多かった。会場は東山荘。「読む会」最後の年の正月も多田が「蓼喰う虫」を報告した。

先にあげた座談会「読む会の精神」の中で多田は山田をこう評している。

多田「彼（山田）は非常な社交ぎらいや。世間的には非常に嫌われるタイプの人なんや。それが彼のコンプレックスになっている。それの補償として、何かこういう会でも持たなければおれは人間になれへんのやないかという根源的な不安をいだいているんや。それで彼はイラショナルにこの会に賭けているようなところがある。そういう非合理性がなければもたないようなものがあると思うな。「読む会」の中で彼はものすご社交的やろ。ほとんど差別しないわけや。ということは彼はほかに非常に深い疎外感をもっとるんやないかとかねがねぼくはにらんどるんや。これがぼくの山田稔批評」

山田「とすると「読む会」がなくなったらぼくはもう本当に変人というか偏屈者になるわけか」

多田「そうや、今日かろうじて彼を社会生活につなぎとめているのは「読む会」いうわけや。それでどんなにつらいことがあっても会につながっとるわけや」

いまこの座談会のやり取りを眺めていると、多田が山田のことを論じながらおのれを語っているようにみえる。なぜか。「多田と山田は似ている」などという人はいない。しかし、「世間的に嫌われる人」「根源的な不安」「深い疎外感」など、光の当て方を変えると多田が自分に対して感じていたイラショナルな一面をもらしているからである。

二人で一人の「芭蕉」。どちらもリーダーにならず、仲良くもならず、喧嘩もせずという微妙であやうい関係。それを証明するような小説を山田が書いている。『旅のなかの旅』第三部の「ジョン・オグローツまで――スコットランド」である。

「道田（多田がモデル）さんというのはわたしの親しい先輩に当る大学教授で、多方面での活躍で知られる名士である。夏のヨーロッパ旅行のついでにスコットランドまで足をのばすというので、パリ滞在中のわたしもお伴させてもらうことにしたのだった」

道田夫妻は豪華ホテルに宿をとるが、自分はB＆Bに。「わからんなあ。金があるのに、なんで安ホテルに泊りたがるんやろ」とあきれる道田に「Cクラス主義」を死守する。少年のように楽しんだり、老人みたいにとぼとぼする珍道中がおもしろい。くたびれた道田夫妻は予約をキャンセルして先にロンドンに帰ってしまうが、「わたし」（山田）はたまたま観光案内所で紹介されたジョン・オグローツに執着する。

「一体そこに何があるのか。多分、渺々とひろがる北海の侘しい光景があるだけだろう。だがその冷たさが、その侘しさが、わたしを招いていた。ジョン・オグローツが呼んでいた。それを斥けたら何時までも悔いが残るであろうことを、わたしのこころだけでなく体が知っていた」

引用しながら、山田にとって「読む会」はジョン・オグローツだったような気がしてきた。続けて意味があるか、だれに感謝されるか、何もないかもしれない、でも、ここであきらめたら悔いが残る。

道田と「わたし」のどちらが偏屈で変人か？　ロンドンのキングズ・クロス駅からエジンバラへの寝台車の豪華さにはしゃぐ二人、食事のタイミングや嗜好のちがい、小雨のスコットランド西海岸でヒッチハイクをするさま、拾えば笑えるエピソードはこと欠かない。バランスのいい旅ではないのに、道田が去ると「わたし」を包むのは縹渺たる北海岸のはてしない侘しさである。しかし、去った方の多田に侘しさはなかったか。弥次喜多道中のようなスコットランド紀行を多田は楽しんだはずだが、すぐに飽きる。祭りのあとのそこはかとないやるせなさが多田をも襲う。二人の侘しさが微妙に色合いを異にして重なりあい、響き合う。

「読む会」では終わりの数年のあいだ「会の消滅」が繰り返し論じられ、ささやきかわされた。ちょうど「旅のなかの旅」の終わりの雰囲気になってきていた。会報の最終号に山田は書く——かえりみれば三十数年の間に、自分ひとりだと気づかされたことが何度かあった。そのつど、この孤立感をバネとして、行けるところまで行こうと思った。「二人きりになるまで」という考え方には、やはり他人に頼る甘えがあったと反省した——あの旅に似ている。

「読む会」の最終回は『牛部屋の臭ひ』（正宗白鳥）を小関三平が報告した。一九九六年四月六日。最後というので遠来の参加者も多く多田が司会をした。「何度読んでも正宗は好きになれない」という山田に多田がいう「山田は小説にカタルシスを求めるから不満なんや。人生にはカタルシスなんてないことを描いている。そんなものを与える小説はあかんと。おみち婆さんがいいねえ。一合の酒だけが楽しみ。これが人生なんや」。山田の最後の発言は——この小説がこんなに好評とは。「読む会」ってわからんとこやなあ——

多田の流儀は「文学にカタルシスを求めるな、人生にカタルシスはない」ということに尽きるかもしれない。そのように思えば広津を語って「不幸で幸福な芸術家」といったのも納得できる。ある作家を幸福とすることも、逆に論じることも、読者の一方的なカタルシスである。つかめそうでつかみきれないカタルシスを求めてわたしは

「読む会」の四十年を過ごしてきたようだ。

『山田稔自選集』三巻（編集工房ノア）の最後に自筆年譜がある。多田に非社交的といわれた山田だが、年譜に登場する人物は多い。一九五四年の項に「多田に可愛がられ公私にわたり世話になる」、二〇〇八年五月三十一日の項に京都徳正寺で現代風俗研究会主催の「多田道太郎を偲ぶ会」に出たと記載、そこに「多田道太郎は現風研に情を移して「読む会」を見捨てた」と恨みごとをのべる、とある。

「日本小説を読む会」の歴史から多田道太郎像を探ろうとすると、山田稔という相方を抜きには考えられない。その二人のいみじき出会いをわたしは見てきた。

「私は沢田閏に似ている」

『変身　放火論』（講談社・一九九八）に次のような一節がある。

「西鶴は転がる人でした。ことばを転がしながら自分も転がってゆく人でした。

　ところてんてんてんてんてんまりてんごすな

右の拙句を作って披露したとき、ぼくの頭には俳諧師西鶴が居たのです。が「てんご」ということばが今は死語でした。

西鶴は俳諧をやるかたわら反故のつもりで散文を書いて「転合書」と自嘲しました。「昔の文枕とかいやり捨てられし中に、転合書のあるを取り集めて」（『好色一代男』）とあります。「てんごう」、日常は「てんご」と言います。上方では冗談、ふざけに近い意味です。もともと「転合」は本歌を取り、もじり、写し、外し、転がすことを言ったのだそうです」

『変身 放火論』の作法は「本歌取り、もじり、写し、転がす」ことだといいたいのであろうか。よく分からないながら、夏になって暑さにあえぐ昼下がりなどに、「ところてんてんてんてんまり」と口をついて出たりする。しばらく転がしていると、多田道太郎は「てんご」の人だったのかと腑に落ちる。

そういえば「日本小説を読む会」にもう一人「てんご」の人がいた。沢田閏である。

「日本小説を読む会」の初期からの会員であった沢田閏は還暦前の一九八九年に死んだ。わたしたちは特集号を出して早すぎる死を惜しんだ。わずか二十六頁の冊子だが、十六人が文章を寄せている。貧相に見える冊子だけれど力のこもった文章が多い。あまり幸せだったとはいえない彼の生涯にも、わたしたちに残した意味は大きいものがあったのだ。三十年を経て読み返し胸に迫るものがある。

その中に多田の「やったぜベイビー 沢田閏」があり、『著作集』VI巻に収録された。

「沢田閏が死んで、私が死んだという思いがふかい。「私」はいちばん「沢田」に似ていると思いつづけてきたからである。沢田のほうはそう思っていなかったかもしれないけれど」

多田と沢田が似ていると思った人がいただろうか。ちょっと思いがけないことだったので忘れがたい。当時わたしは哀悼のレトリックとして読んだから、誰かに「多田先生と沢田さんが似ていると思うか」と聞いたりもしなかったし、誰かが話題にしたとも思えない。「沢田閏が死んで、私が死んだ」は喪失の悲しみを語る比喩のように思っていたようだ。それがいま、ある切実さをもってよみがえるのはどうしてか。

「沢田はイチビルのが好きな男で、私も（ある年齢までは）イチビルのが好きだった。コヨリを鼻の穴にいれてのクシャミ寸前、「イク、イク」と叫んで、叫ぶことで笑いあって、笑うことでイチビリ文化（？）を共有しえた、あの時代がなつかしい。

祇園花見小路の「あるじなき家」の思い出と共に。一九六〇年代、安保くずれ、全共闘以前のことではなかったか」

この「クシャミ」遊びは「読む会」がもっとも元気だった一時期を象徴している。その無意味さ、馬鹿々々しさにあきれながらも二次会は盛り上がる。二人はこの遊びに飽きることがなかった。鼻炎に悩まされているわたしには悩ましく、彼らがクシャミをする前に、こちらがその発作に襲われそうだった。

その奇妙で無意味な遊びを多田は沢田の死でゆくりなく思い出している。ここに書かれたからこそ残る小さな歴史。そういうとき、二人はこんな会話を交わしたりした。

「多田さんは、いかにも女を知っている顔をしているが、女性体験は意外と少ないんじゃないか、とぼくはにらんでいる」

「稀代の女たらしをつかまえて何という無礼な言いがかり」

まわりに大きな笑い声が起こり二人の「てんご」は成功だ。

さて、多田の追悼文は、そこからある出来事へと進む。多田家の電話にビクター・フォンテという録音装置がつけられた。多田は新しい電気製品などもいち早く買い入れる人だった。ある夜、沢田からイチビリ電話、ワルクチ電話があった。沢田のそういう電話は多かった。しかも長かった。

「今の声、ぜんぶ紙に録音したるで」。多田流のいじわるなイチビリが出る。沢田が「おお、恐わ……」と応じるまでに長い沈黙の時間があったという。しかも「あの「沈黙事件」以後、ずっと、十年も二十年もついに沢田から電話がかかってくることはなかった。私はとうとう、あの沈黙が意味したことは理解せずじまいだった」

多田は沢田と「読む会」だけではなく「現代風俗研究会」でも同席した。だからパーティーも多かっただろう。そういう席で沢田が酒に顔をほてらせながらも、「一度も、ふしぎなくらい一度も」近づいてくることがなかったという。これは小さくない問題である。

「沢田も私も、無類の会好きということでよく似ていたと思う。（略）会好きというその「会」は、ただ無意味に集まって酒をのみイチビルのが楽しみという、それだけの群れ現象である。むかし平林たい子は「とかくメダカは群れたがる」という名言を吐いたが、ちょうどそのメダカの群れのようなものだ。／しかし沢田と私の生きた時代はメダカのために好都合な時代ではなかった。会とかパーティとかいう名で呼ばれる群れは、たいていが金魚かフナか、それとも熱帯魚か、イチビらない魚たちの群れになっていた。／沢田閏はベビー・ギャングと呼ばれていた。（略）沢田にはベビーのようなところが晩年まで無気味に保たれていた。この点は私が真似ようにも真似られなかった。私は手術以後人並みに老人顔になったが、沢田はマンガでいえば「アキラ」のマイナス二百七十三度の隔離別室で眠る凍結ベビーのようにして、老幼年のままで死んだのである」

追悼文はこう結ばれている。「沢田と私は似ている」に込められていたものは単なるレトリックではなかったのではないか。

飯沼二郎も追悼特集に書いている。彼は人文科学研究所の所員（農業経済学）だが、「読む会」で沢田とは対照的な存在だった。遅刻や欠席の多い沢田に対して皆勤賞、文学観も二人は大いに違っていた。

あるとき、飯沼は会場に早く着いた。次に沢田が来た。しかし三人目が来ない。会話に窮して飯沼が『失われた時を求めて』をどう思うかと質問する。すると沢田は

「読んでいませんね」といった。「はいてすてるようにいった」と飯沼は語気つよく書いている。マルクスやエンゲルスだけではない、プルーストも大物である。沢田の「大物嫌い」を飯沼は確認した。ちなみに多田は学生時代にまだ翻訳のなかった『失われた時を求めて』を読破したと鶴見俊輔が書いている（『「思想の科学」私史』）。

沢田は七〇年代朝日新聞のコラム「天窓」や毎日新聞のコラム「視点」の執筆をした。そのころが一番の活躍期で、「大物嫌い」はどこかで大物になりたがっているとわたしは眺めていた。それが実現したかに見えたとき病魔が襲った。入退院が繰り返された。不安を忘れるために酒量が増した。

飯沼は沢田の酔態も書いている。

「数年前、桑原邸が改築中のため、ギオンの料亭の一室に桑原ご夫妻が年賀の席を設けられたことがあった。二十人位が静かに桑原先生のお話に耳を傾けていたとき、突然、沢田氏が現われた。全くの泥酔状態で、桑原先生の隣に割り込み、大声で先生に語りかけていた。私は、あまりの醜態に、思わず目をそむけた」

多田も祇園のその席にいただろうが、「あまりの醜態」とは感じなかったのではないだろうか。「てんごすな」とは思ったかもしれない。東京育ちで関西弁にまったく染まらなかった飯沼に「醜態」と見えたことが、多田には「てんご」なのだった。

沢田の没後、遺稿集『別れ』（編集工房ノア・一九九〇）が編まれた。編集は北川荘平、島田尚一、福田紀一、山田稔。同人誌「VIKING」に掲載されたエッセイと詩と小説「別れ」、未発表の小説「なめくじ」、「読む会」の会報に書いた評論、エッセイで構成されている。

冒頭のエッセイ「冬から春へ」は「VIKING」七九号（一九五七）に書かれたもので、描かれているクラスメイトは「読む会」の主要メンバーである。

主人公の「ぼく」は京都大学大学院の修士を終えた。フランス文学の松尾教授、黒崎教授と小さなトラブルを抱えている。「オレは時々、師弟の距離を測りまちがってしまう。師にたいして礼をつくすという、謙虚な心になろうとするのに、そのばあい、自分をどのへんに位置したらいいのか、適当な身の処し方を知らないでいるのだ」

次のエピソードにドキリとする。

「ぼくは、三好達治について書いた黒崎教授の文章はヘタクソだ、と断言してしまった。そんなことはない、あれは先生の書かれたもののうちで、すぐれたもののひとつだ、とまわりの友人たちが抗弁した。

「黒崎君、サワダが、君の書いた文章、ヘタクソやいうとんで」

と、松尾教授が大きな声で云った。黒崎教授がキッとなってぼくの方を見すえたような気がした。えらいことになった、とぼくは思った。

黒崎教授の端正な生き方、それが誰か、ある人物を描きだすばあいの妨げになるのではあるまいか、といつもぼくは考えていた。文章によって、くっきりと人物をうかびあがらせるという操作の前には、なまの人間にたいして、どこまでもくいついていく執拗さが必要とされるだろう。それは、あるばあいには、べたつくことをも恐れない執念によって、人間関係のなかにはいりこんでいくことだ。書くひと自身の感情がそこに関与しなければならないし、それをおおっぴらに書きとめるだけの、一種の無神経さも要求されるはずだ。

だが、黒崎教授にとっては、そうしたことは耐えがたいものであるにちがいない。黒崎教授の書く文章は、いつのばあいも、無機質の結晶体のように、硬く、ひややかな感触をもっている」

黒崎のモデルは桑原武夫、松尾は生島遼一と読める。桑原の「三好達治君への手紙」は当時有名だった。沢田は、両教授の風貌と言動を混ぜあわせ、塗り重ね、その時代の空気と共に一編の小品にしあげた。

「三好論は駄作だ」は、当然出てくる批判だと思う。沢田は鋭く的を射ている。桑原に対して端正さ上品さが実は弱点であるといえたのは沢田だけだ。三好達治と桑原は対極にある。詩人は戦争詩を書いたためにどう戦後を踏み出すかで苦しんでいた。手を差し伸べている桑原の清潔な友情や育ちの良さが評論の骨格を弱くしていると沢田はいいたいのだ。いい方が「ヘタクソ」だったのだ。「王さまは裸だ」と叫んだ少年はこんなに不安と悔恨に苦しんでいる。

「師弟の距離を測りまちがえる」という習性はこれから大学の中で研究者として生きてゆくのに妨げだと自覚している。中学時代はラグビー部のポジションがスクラムハーフだったそうだが、その機敏さと鋭さがときにこういう事態を引き起こした。折から社会は高度成長期に向かっていて、街には大衆向けの軽自動車が現れた。高橋和巳があるとき「沢田はスバル360」と評したことがあった。渋滞する大型車の間をするすると出し抜くさまは、まさにいい得ていてみんな笑ったが、それを嫌う人もいた。

沢田が報告した『抱擁家族』（小島信夫）の読書会記録をわたしは何度も読んだ。一九六六年三月のその会に欠席したからである。沢田は報告の末尾で小島を高く評価して「参った」といっている。

ふりかえってみると『抱擁家族』は戦後日本の家族観の変貌というエポックメーキングの作品だった。それを沢田は鋭く見抜いていた。だから討論も、この奇妙な小説をどうとらえるかで侃々諤々だった。

大槻鉄男「この小説でおもしろいのは、家というものが自然主義時代の家でなくて、建造物、エタブリシュメントとしての家であって、その建造物のなかに住む人間をみな家族とよんでいる点だ」

多田「うーむ、なるほど」

山田「近ごろみなが家を建てたがるのは、つまり建造物に執着しているのであって、家族という面はうすれてるのかもしれんな」

そうだった、この年にわたしは小さな家を購入するというとんでもないことをしていた。引っ越しが一月だったから、三月の「読む会」に出席する余裕などなかったのだろう。

沢田は議論の締めくくりに「今日は西川長夫がおもろいいうて、杉本秀太郎がおもろないいうやろと思うてたが、反対やったなァ」。欠席していたのにもかかわらず、まるでそこにいたようにわたしは笑ってしまう。


山田稔は沢田の同級生である。彼には「神泉苑」という短編があって、沢田の最後の姿を書いている。沢田が入院した病院は神泉苑（中京区）に近かった。底冷えのする日、山田は一人で見舞う。臨月の女のように腹水で膨らんだ体の沢田は病院を抜け出して神泉苑に誘う。そんな無茶なと山田はたじろぐが、気押されて閑散とした店内に座り、寒さに震えながらビールを飲む。

多田から「回顧の人」と命名されている山田のお株を奪うように、沢田は来し方を語る。長い付きあいの山田も知らないことを、まるで遺言のように。この場面はさながら水墨画、神泉苑の冬の夕暮れに二人の小さな影。京大仏文の同級生で、「ＶＩＫＩＮＧ」でも、沢田が主催する「ヌーボーの会」でも長い時間を共有してきた二人だ。

はじめて知る回顧談は、十七歳で彼を産んだ母親のことや父が家を出てしまって生活が困窮を極めたこと、天王寺中学のとき海兵の予科を受けたこと、山田も江田島の同じ試験場にいてすれ違っていたかもしれないこと。

「身体検査のときエム検があった。検査官の親玉は大佐や。えらそうな顔してなあ。おれのエム見て、毛ぇも生えとらんやつが何しに来よったいう目付で睨みよった」、ここではじめて二人は声をあげて笑う。昔の若い元気なころに帰ったかのような一瞬である。

「そやけどなあ、高橋も大槻も無茶して早う死んでしもたけど、するだけのことはして往きよったなあ……」と沢田が慨嘆する。山田が「うん、ふたりとも若かったなあ。高橋が三十九で大槻が四十九……」と応じて、きみが五十九、といいそうになる。

「肝硬変になると、せいぜいあと三年や」と諦めをにじませながらも「せやけど、おれはもっと生きたるでえ、まだ死なへんぞ」と呻く。「そうや。もういっぺん元気になって、もうひと暴れして……」「このまま死んでたまるか。七十まで生きたるで」

この沢田と山田の最後の会話は、ことばだけが元気時代そのものである。

この「神泉苑」と「転々多田道太郎」は山田の自選集Ⅱの最後を飾っている。片や多田の方でも『著作集』Ⅵ巻に「回顧の人　山田稔」と「やったぜベイビー　沢田閏」が並んでいる。三人の姿がそれぞれのパネルで光を反射し合っている。沢田は何も書いていない。この空白こそが彼の不運を語っている。

多田と山田とは「いみじき相方」だと思ってきたが、ここには沢田が加わっていたのだった。初期「読む会」の活力のある議論、若々しさはこの三人の反射し合う個性に負うところが大きかった。

沢田のパネルは空白だったのか。

遺稿集の四章は短い評論とエッセイだが、多くが「読む会」の会報に書かれたもの。今度再読してわたしは心底驚いたのである。自分がよく使うフレーズやレトリックは沢田の真似だったのだ。わたしたちは原稿用紙三枚半の短文をせっせと会報に寄せた。山田編集長の眼をくぐり抜けたら載る。次の会にやんやと批評し合う。その文章教室の上級生が沢田だ、才気あふれる上級生だった。いつも刺戟されていたのにその自覚がないほどに影響は大きかったのである。

とくに今度心を揺さぶられたのは「日本小説とわたし」（一九六三）の一文。

「どうやらわたしは、大物が好きではないらしい。（略）杉本秀太郎の書架に並ぶトルストイ全集やベートーヴェン・ソナタ全集がわたしをおびえさせる。わたしは、一流の本を集め、読むことをしなかった。大学で勉強したのは、コンスタンであり、シャトーブリアンであり、大物ぞろいのフランス文学のなかでは、特別の小物ばかりなのだ」

結びは次のようである。「もっと早く富士さんのように、本を読むことのバカらしさに気づけばよかったと思う。電車に乗っても、わたしは窓外の景色には眼もくれず、一心に活字に眼をさらす。わたしが本を読まないのは、トイレのなかと入浴中ぐらいのものだ。めしを食いながらでもわたしは本を読んでいる。めしを食うとき、眠るとき、それぞれにきめた本がその手もとに用意してあるのだ。／わたしは評論家ではないけれども、書き手にもまわりそこねている。しいて言えば生活人である。困ったことだ」

沢田の人生を、その刻苦勉励をよく語っている。しかし、真似をしてきたわたしには分かる弱点がある。ほんとうに困っている人は「困ったことだ」とはいわない。そういうところで自分を許している、あるいは自負している弱さ。それはきっと「生活人」としても不徹底だったにちがいない。沢田が経験できなかった老いを生きているわたしは彼の悲しさを思う。

こういう沢田を多田はじっくりと見ていた。その上で「私は沢田に似ている」といった。その稀有の友人を喪った、いや、喪う前に失っていたと多田は追悼文に告白していたのである。多田が沢田の電話を録音して悪用などするはずがない。気まぐれの「てんご」はみごとに失敗したのである。

二章　兵隊体験

「戦争をどう通ったか　豆自分史」

「日本小説を読む会」では四百冊以上の本を読んできたので、第二次世界戦争をテーマとする小説もたくさん含まれる。「読む会」の初期には上山春平のような兵役体験の猛者の参加もあって議論は熱を帯びたが、そういうとき多田道太郎からまともな戦争体験を聞くことはほとんどなかった。ところが『著作集』Ⅰ巻の巻末対談で加藤典洋は次のような発言をしている。

「最初に多田さんの中で文学が壊れたのは、おそらく戦争を通ったあたり、東大にいたころでしょう。やっぱりフランス文学に対する衝突はあったと思うんです、戦争中に。大学とは関係なく、多田さんの中で文学が一回壊れた。それと戦後、たまたま身を置いた人文研という場所が、また別の理由から文学というのを一回はずして、砂時計をさかさまにするような感じで始まったところとちょうど合致した。最初から文学というのがなければ、また文学に行くという道もありますが、文学というのを一回通ってしまっていますから、もう戻れない」

多田道太郎の原点が戦争体験にあると加藤はいっている。なぜこんなにたいへんな問題をこんなにすらりといえるのか。また「文学が壊れる」というのはどういうことだろう。文学が壊れて多田に何が残っているというのだろうか。小さな疑問はこだわりとして長く残った。

「読む会」で多田が戦争体験を語るはずのタイミングに出くわしたことは何度もある。そういうとき彼は決して真ん中に投げない。ストライクを取りに行かず、ゆらっと外すのだった。触れたくないものがあるのだと思わなかった。その鈍感さがわれながら不思議だ。「先生はそのとき何をなさっていたのですか」とか「それはどこでしたか」と聞くチャンスが幾度もあったのにしなかった。「読む会」の会報を読みかえしていると、自分がそのときしなかった質問が淡いおくびのように噴きでてくる。多田はそんな問いのまずさをやんわりと指摘したり、こちらの無知を暴く形でかわしたりしたにちがいない。

多田の晩年、外出のとき車椅子をおしていたMさんはどうだろうか。「あなたは何か聞かれましたか」と尋ねたことがあった。「玉ねぎの味噌汁を毎日食べさせられたので嫌いになった」と「風呂の順番がいつも最後だった。くるぶしがつかるくらいのお湯しかなかった」くらいであまり聞いていないという返事だった。そういえば、わたしは疥癬の苦しさを聞いた。「たまらん痒さをジーッと我慢しているとそれが快感に近いものになるんや」、最後には笑わせられておしまいだった。韜晦があると感じたのはわたしだけではないだろう。それを確かめるすべがない。「あんたにいうてもわからん」という呟きが遠くから聞こえてくる。

ところが、加藤典洋はずっと後から来た人なのに、一矢を放ってわたしの怠惰を射たのである。

『鶴見俊輔伝』(黒川創・新潮社・二〇一八)を読んで思うことは多かった。その数奇な運命を伝える文体は柔らかく、のどかでさえあって、食べやすい美食にあずかった感じだったが、わたし一人の感慨だろうなあと思うこだわりがつきまとった。それは鶴見俊輔に並んだ多田道太郎の影である。このような『多田道太郎伝』を書く人は現れないだろう。そういうわたしにも責任はあり、その思いが読んでいるあいだ胸の奥をチクチクと刺す。またもやもやといい訳がせり上がってくる。その声は、多田は自分自身のことを現象のようにしか語らなかったからとか、語ってもきわめてシニカルだったからという。「なぜあんなに韜晦的だったのか」、寄り添わないのは自分の方だったのかと問う声もある。とくに戦争の体験をめぐって湧いてくる疑問をぶつけなかった悔いが今は痛い。だから加藤の発言はその後も深くわたしの中に沈んでいる。

『鶴見俊輔伝』の魅力は、その人の重い生き方をまっすぐに伝える文体である。世界史で目にするような有名人の名が次々と出てきてくらくらする。十代で国境を越え、多感な青春の自己形成をアメリカで遂げた人は、日米開戦で帰国する。非凡極まりない数奇の前半生である。日本での後半生もすごい。戦後の「思想の科学」や「べ平連」の活動。わたしの周りでさえ「生涯でいちばん感銘を受けた人は鶴見俊輔」「もっとも尊敬する人は鶴見俊輔」という人が多い。そういうとんでもない人は、率直に自分を語れる相手にも恵まれていたのである。偉大な知識人、稀有の哲学者の生涯がすらりと読める快感がある。それにつけても多田道太郎の分かりにくさよという感慨である。

戦争体験についても鶴見は具体的で率直である。彼は戦争中にその体験を二つの長編小説に書いたという。そしてその原稿を地下深く埋めたという。このことを生前に何度も語りもし書いてもいる。だから評伝作家が探らなくても開示されている。例えば次のように。

「戦争中、ジャワとシンガポールにいて、敵側の短波放送をきいて自分ひとりで新聞をつくり、太平洋上の艦隊と司令官と参謀に送る仕事を続け、胸部カリエスで内地に送還されてから、しばらくの自宅療養の期間を得て、二つ小説を書いた。

「戦中の記」、「滝壺近く」の二つ。はじめのものは、海軍の中にいて人（特にアメリカ人）を殺したくなく、敵の放送をきいてひとりで新聞をつくっている記録。つぎのものは、近く戦争が敗戦に終わると考えて、そのとき自分は混乱の中で人（敵）を殺さず、また敵と味方に殺されずにすむか、という予測である。（略）

こういう日本語で書きあげた長編二つは、読み返して私自身もよいと思えるものではなかった。戦争の続くあいだは人の目に触れないように隠し通した。しかし、敗戦後になっても、発表しなかった自分の決断に、私は納得する。その後、私の書いたものは、論文をふくめ、このとき地中に埋めた二つの小説から生え出た」（『敗北力』所収「なれなかったもの」）

「戦争の体験を土深く埋める」は、その経験のないわたしに一つの衝撃を与えた。「戦争をどう語るか」はよく論じられてきたが、「埋め方」が問題にされたことはない。多田道太郎にも土深く埋められたものがあるにちがいない、それを他者に感じさせない埋め方だったのだ。それならなぜ加藤典洋はあのようにいえるのか。そのわけはすぐに明らかになった。

『著作集』VI巻の巻末に「戦争をどう通ったか――豆自分史」が収められている。ちゃんと書かれていたのである。正確には書かれていたのではなく語られていた。生前、小さな文章でもメディアに発表されたものは秘書の人たちにコピーをさせてわたしたちに配られていたが、これはまったく知らなかった。

明治学院大学での退官記念講演だったようだ(一九九〇年一月一〇日)。文章化されて一九九三年、明治学院大学国際学部付属研究所「時間・空間・体験」に載った。一般誌に書かれたものではなかった。数人の友人に確かめたが知らない人が多かった。

加藤は当時明治学院大学にいたのである。これを知っているのは当然のことで講演会の企画者であったかもしれない。多田にじかに語らせ生でその真実を受けとめたのではないか。そしてたぶん講演会は成功した。唯一の証言が残ったのである。そして

「文学が壊れたのは戦争を通ったあたり」という発言になった。二十歳の青年に壊れるほどの文学があったかという疑問はあるが、壊れたものは確実にあり、それが多田道太郎の戦後の出発でもあった。

戦争を全然知らない学生に向けて多田はこう切り出す。

「一九四五年の広島というのは、世界的に有名になって、地球的な原体験を経た都市になったわけですが、そこにたまたまぼくの青年時代がありました。兵隊に入りましたのは四月一日でそこから北九州の方へ移動いたしました。最後は大島守備隊という、玄界灘の島の守備隊にいたわけですが、病気になりまして、鐘ヶ崎の野戦病院におりました。そこから脱走しまして、ぼくの正体は脱走兵ということになります。広島での兵隊体験があるということと、脱走兵であるということで、あとのほうがおそらく世間の好奇心をひく唯一のことがらではないか（笑）という気がいたします。ぼくの昭和二十年というのは、普通のつまらないものでして、内面的には屈辱の歴史でしたので、戦争中の兵隊さんだったころのことは、あまり人前で喋ったことがなかったので、きょうはおしゃべり初公開ということになります」

「初公開」と得意げで、最初から名調子が全開である。文中にしばしば（笑）の文字が入る。戦争を知らない学生の笑いは、わたしをまごつかせる。彼はあえて笑わそうとしているのである。笑いを取りに行っている、まるで高座の噺家のように。

やはり戦争の体験を語らなかったのは自覚的であったのだ。明治学院大学を去るにあたって、これが最後と覚悟を決めて話し始めたのである。たちまち、独特の脚色をして笑いの渦をつくる。口調は軽快でいきおいがある。『著作集』以外では読むことができないので、講演のあらましをまとめる。

昭和二十年、多田は満二十歳（ほんとうは二十一歳、一九二四年生まれなのになぜか「年齢は昭和の年号と一致する」といっている）、学徒動員で群馬県太田の中島飛行機へ。戦闘機エンジン組み立ての見習工である。監督は平泉という「特別の大目玉」の日本史の先生でよく北畠親房の話をする愛国主義者。ファンクラブができるほどの人物、当然、ラジカルな反対派もいる。その中に色川大吉がいた。平泉先生の話が詰まらないので多田は寝そべっていると信奉者学生のリンチに遭う。しかし反対派の色川の方に行くこともできない。政治が嫌なのだ。ただ寝転んでサボっていたい。

するとまた殴られる。

「オブローモフ主義というわけでもなく、ねっからのオブローモフで――オブローモフだったかどうかの記憶も怪しい（笑）」

学生の多くは十九世紀のロシアの小説『オブローモフ』（ゴンチャロフ）を知らないはずだ。それなのに笑う。話術の巧みさなのだ。オブローモフがどのような人物なのかを説明しないのに、多田は分からせてしまう。彼自身がもうオブローモフになっている、演じている。

戦況はいよいよ悪化の一途、硫黄島が陥落したのを知る。もう戦争は終わる、動員先で多田オブローモフは楽観している。寝そべって待つに如かずである。しかし終わらない。三月十日の東京空襲で下宿は焼けて蔵書も失う。夜行列車で十五時間かけて京都に戻る。追いかけるように赤紙が来た。

「入隊までの二週間ほど、手持ちのヴァレリやボードレールに読みふけりました」

やがて京都駅に集められた百人ほどの新兵の一人となり広島へ向かう。

「学校の関係でも地域の関係でもなく、どうしてその部隊にはいる運命になったのかわかりません。ぽんと区役所の気まぐれのように広島行の若者らの中へ入れられて、運命の戯れで四月一日に広島の西部第二部隊に配属になりました」

海軍は楽だと聞いていたのでそちらに入ろうとしたが、試験に落ちた。これについて「読む会」で披露されたことがある。きわめてまれな打ち明け話だった。

三一〇回例会、『魚雷艇学生』（島尾敏雄）、報告は福田紀一。一九八七年三月七日、雪の日だったと記録されている。あまり褒める人がない議論が終わろうとするときの発言。

「ぼく、海軍予備学生の試験を受けたけど、胸囲が不足で落とされた。どうせ軍にとられるなら、少しでもマシな海軍にと。それと普通の兵隊になったら、東大出といって逆差別うけそうでこわかった。結果的には二等兵で、朝鮮人なんかと親しくなれてよかったけど」

「こわかった」はたぶん多田の戦争体験のキーワードだ。寝転ぶも、オブローモフもキーワードである。

講演の続き――海軍の予備学生にもなれず特権なしの陸軍歩兵二等兵は過酷な訓練に明けくれる。Mさんとわたしが聞いたお湯の少ない泥の風呂、疥癬に苦しむ話はここで出てくる。その部隊は広島のお百姓さんが多かった。頑健な身体の持ち主たちは軍隊にすぐ適応できる。都会育ちの兵隊は弱い。

「その中での最低人で、ま、ぼくの人生は、肉体的な不器用さ、最低の兵隊だったということが日本社会に適応できなかったいちばんの原因だと思います。教練とか体操などの不器用さ、不適応がぼくの動かしがたい素質ですね」

猫が鼠を狙うような目つきでにらむ広島出身の上等兵に多田はまず恐怖する。だから戦後、原爆の被害者としての広島の人といわれてもかわいそうという実感がない。ただただ「こわい人たち」だった。「広島は平和の象徴」も多田には違和感がある。朝鮮人の古兵殿も迫害者だった。だから在日朝鮮人差別反対運動に対しても部外者である。朝鮮人上等兵も震えるほどこわかったのだ。

こうした兵隊体験の深い傷は、その後のあらゆる民主主義運動、人権擁護運動、解放運動にコミットできない原因となった、と思う。多田道太郎の戦後を支配したのは兵隊体験がもたらした底知れない恐怖感だったようだ。わたしにそういうことがまったく見えていなかった。

「東大生が優遇されたといわれますが、ぼくの中隊には帝大生または帝大卒という人はひとりもおりませんでした。（略）ぼくは（軍隊という）平等社会の中での珍種であり、社会的復讐の的にされたんですね。おまけに笑うべき不器用さですから」

東大生がそんなこともできないかと怒鳴られ嘲られ、不得意なことばかりやらされる。空腹のあまり、残飯を手ですくって食べたという経験も屈辱的だった。多田には味覚障害ではないかと思われる節があった。人にご馳走するのが好きだが、彼自身はいっこうに美味しそうではないのである。そういうこともここに起因していたか。

「こういう愚痴や恨みを言いたくないばかりに、戦争のことはなるべく話したくなかったということです」

やはり戦争体験を語らないのは固い意志であったのだ。

やがて敗戦である。しかし、戦争は終わったはずなのに、野戦病院で囚われたままである。下腹部に広がる疥癬がいよいよ重症化して命も危ぶまれる。そして、おまえみたいなものがいるから負けたんだとまた殴られる。このままでは死ぬぞと決断し、逃げる。敗戦直後のこの行為については「ぼくは脱走兵」と口にされたことがある。語り口が軽いので聞いたとき笑ったかもしれない。かつてのわたしたちはこの明治学院の学生と同じだった。

逃げ帰る列車の中から広島の原爆の焼跡が眺められる。「この世の終わりだなあ」という風景である。ぼんやり汽車に揺られていると、泥棒に最後の貴重品・時計を盗まれる。どこまでも追いかける不運、無様の極みの敗戦だった。「疥癬だらけのお乞食さんという形で京都へ逃げ帰ってきた」、学生たちはまた笑う。

そして最後はこう結ぶ。


「当時から好きなのは、ゴーゴリの『検察官』というので、ニセモノの感覚ですね。ここへいったら社会学者の顔をしなあかんし、ここいけばフランス文学者の顔をしないといけない。たんびに世を偽って、四十年生きてきたんじゃないかと思います。するとすぐあとから常にホンモノの検察官がやってくる、その恐怖があるんですね。ぼくはこんど明治学院を去りましたが、ニセ検察官が去って、あとからホンモノの検察官がやってくると、まあこういうことです（笑）」

大きな笑い声があがったようである。学生は面白い最終講義だと思っただろう。しかし、ホールを出るとすぐ忘れたのではないか。教官や他の大人たちに多田は得意そうに見えたのではないだろうか。座談風の名調子にしびれた人もいたかもしれない。若い同僚の加藤典洋はこの講演を心深くに聞いたのである。

多田の兵隊姿は痛ましい。けれども、それをいうにはあまりに彼のレトリックが韜晦的である。真実の姿にモザイクをかけるのはいつも彼自身だった。

この講演にわたしがいちばん衝撃を受けたのは、次の部分である。

「夜、大島の山の頂上にひとりで歩哨に立ちまして、玄界灘の星を見たときに、この宇宙にひとりだけ野垂れ死ななきゃいけないのか、という気分になりました。兵隊にとられるときに花木正和（故人。詩人、のちフランス文学者）という友だちに手紙を書いた、その写しがありまして、そのとき生意気にラテン語で「クレド」ということばをつかって、ぼくにはこれが信じられるということがなくて死んでいくのはつらい、ということを書いています。「クレド」というのに宗教的な内容はなかったと思いますが、死というものに直面した場合、何か信仰がなければ、死ぬのがつらい、屈辱であるということが、ぼくの体験に刻まれてしまったようです」

このエピソードは他のところで何度も語られている。

「クレド（信じる）ということなく死ぬのがこわい」とラテン語まじりでキザに日記に書きこんだ」（「自分と出会う」朝日新聞、一九九〇年八月二十七日）

『転々私小説論』の中の「飄飄太宰治」の中では次のようだ。

「『晩年』が刊行されたのは、昭和十一年、砂子屋《まなご》書房。ぼくがこの本を手に入れ、人生に目をひらかされたのが、昭和十七年。「盗賊」一篇によって東大仏文に入ろうと決心した。（略）東大仏文というのが太宰のおかげでピカピカ光っていたのだもん。もう二、三年で兵隊にしょっぴかれる運命。生きることにも心せき、ヤケクソでフランス文学を選んだ。三高時代、太宰治ロンなる愛憎共存の文章をノートにめんめんと書き、紛失。credo（われ信ず）を失なって死ぬのがくやしい、とのキザなラテン語だけ、おぼえている。昭和十六、七年ごろ、マルクス主義関係の本は地上から完全に消えていた。マルクスのマの字も知らぬオボコイ学生が現われた」（「群像」二〇〇〇・八）

これらを見てもニュアンスがそれぞれ異なるが、「花木正和」への手紙となっているのはここだけだ。少し話が飛躍するが、多田に戦友というものがあるとすれば花木正和であったのではないか、彼こそただ一人の戦友だったのではないかとわたしは思う。花木は多田よりもさらに小柄で痩躯であった。運動神経も多田と似たり寄ったりだったと思われる。彼らが新兵生活でどんな屈辱に耐えたかについては想像しかできない。花木も寡黙であったから。なにもいわず、還暦を前に癌を発症し、定年を待たずに亡くなった。

多田が花木の通夜にも葬儀にも参列したのを少し不思議に思うほど、わたしは二人の関係に鈍感だった。唯一の戦友、戦争の体験をだれよりも共有した友であったことに無頓着だった。そのような友情の気配をうかがわせるようなことがなかったから。

花木正和に引きあわされたのはわたしが二十三歳のときである。一年間会社勤めをしてみたが、続けるのは無理のようだと多田に相談したのだと思う。神戸のキリスト教系私学、松蔭女子学院の副校長をしていた花木は三高時代からの同級生だと簡単な紹介だった。わたしはほとんど迷うことなく面接試験を受け私学の教師になった。

阪急六甲からタクシーに乗り、五毛天神の小さな借家に連れていかれた日は日曜日だったらしく、妻は教会だと寝間着のままの人はいった。その後、死が二人を分かつまで、わたしは神戸の職場で花木と日常を共有し、月に一度の京都の「読む会」で多田の隣に座っていた。こんな間近な接触がありながら、三人で同席する機会が一度もなかった。そのことにいまさらながら愕然とする。なんという貴重なものをわたしはとり逃がしていたのか。

花木正和という名まえを拙著『中国戦線はどう描かれたか』（岩波書店・二〇〇七）に出している。次のようないきさつがあった。

大谷大学の紀要でわたしの「従軍記研究」を読んだ同僚の岩田慶治（社会人類学）から声をかけられたのである。戦時中の航空兵の訓練を受けていた日々のこと、つねに死と隣り合わせだったこと、それまで短歌を作ることがあったが詩も書くようになったこと、それは同じ兵舎にいた宮野尾文平の影響ではないかということ。わたしは宮野尾文平のことを花木から繰り返し聞かされていた。それを伝えると岩田が驚いて目を見張った。彼らは京都旧制三高の同級生だった。そういういきさつをわたしは『中国戦線はどう描かれたか』に短く書いた。

花木や多田は宮野尾がどこでどのような死に方をしたかも知らされなかった。特攻機に乗る直前に敵機の襲撃で爆死したのを岩田は目撃したのであった。彼らの物語には三高の上級生だった平井啓之もからむがいまは立ち入らないでおく。平井の『テキストと実存』（岩波文庫）に「わが中也論序説」があり、これらの人たちとの経緯が短く記されている。

多田の最後の年に『中国戦線はどう描かれたか』はできた。多田家を訪問したとき自分の本が机上に積まれていたのを見たが、「読んでくださいましたか」と聞くことができなかった。「花木正和」について語り合う最後のチャンスをまたもや逃がしてしまったのである。

とはいえこれは幸いだったのかもしれない。「飄飄太宰治」に宮野尾文平についてわたしの記述とほぼ同じことが書かれているからだ。わたしの不注意をこっぴどく指摘されたことだろう。これは二〇〇〇年八月の「群像」に掲載されてコピーを貰っていたのだが、文中に「親友の花木正和」の一語があることをまったく覚えていなかった。

さて、この明治学院での講演に花木正和はフルネームで表れて「故人・詩人　フランス文学者」と説明がつく。なぜ多田・花木の精神的な再会をアレンジできなかったのかと悔やまれるが、怒濤のように押し寄せてくるあれこれの記憶は別の物語になる。しかし、今度こそ多田のメッセージを受け取りそこなってはならない。

花木正和には三冊の著書がある。『中原中也論稿』（一九六九）『松蔭　詩文集』（一九七〇）『戦争と詩人』（一九八一）である。どの本も少部数の出版であったようだ。『戦争と詩人』には「夭逝の宮野尾文平」というサブタイトルがつく。序文を杉山平一が書いている。

花木は書いている。「いまは昔、昭和二一年九月、多田道太郎らとともに、同人雑誌「檸檬」を創刊。その創刊号の巻頭に、宮野尾が兵営から密送していた遺稿（となった）詩篇「星一つ」全八篇を掲載した。多田と私とが分担した追悼文は、いずれも劣悪の出版事情のため次号まわしになった。私の文章は『星一つ』について」と題するものであったが、その原稿は、たぶん「檸檬」の第2号の刊行が絶望的になったころ散失した。多田道太郎は彼の原稿を保存しているだろうか」

花木は生涯、宮野尾文平とともにあった。花木にとって戦争体験は宮野尾の死なのであった。文学は宮野尾の詩だった。中原中也やボードレール、フロベールの研究もすべて宮野尾への追悼とつながる。小さな私学で学校経営に加わった人生に、詩人でいられる時間や研究に没頭できる暇はなかった。「孤独と怠惰」ということばで彼はあとがきを締めくくる。繰り返される言い訳はさながら多田道太郎に向けられている。メディアでの多田の活躍を鏡にして花木はおのれを映している。両者の生活が見える位置にわたしはいた。花木の研究者としての不遇はあながち環境のせいばかりではないことが今は分かる。中原中也はもとより宮野尾研究にしても、分析も解釈もものの足りない。文体も弱い。

多田道太郎が十六歳で三高に入った年の十二月に大戦争が勃発した。その報を聞き身が引き締まる。ところが一、二年文学にのめりこむとたちまちナマコみたいにぐにゃぐにゃになる。中原中也、小林秀雄、太宰治などの洗礼を受け、ランボー、ボードレールを読み、歪んでしまった文学青年にとって兵隊体験は奴隷のような毎日。それは野戦病院からの脱走という形でピリオドが打たれる。病院から博多駅までどのように逃げたかを覚えていないという一行が重要である。このとき決定的な記憶喪失が起きていた。兵隊生活の体験が脳細胞から消えた。

多田の戦後は、鶴見のように原稿を土に埋める必要がなかった。脳細胞の中に埋葬された。そしてナマコのようによみがえり、それは時にオブローモフとなり、物ぐさ太郎になった。オブローモフはゴンチャロフが描いた無気力、無関心、怠惰のインテリだが、多田の話術にかかるとこちらこそ本物のオブローモフに見えた。それは時に日本人の顔を付けて物ぐさ太郎になる。ごろりと寝そべって空想力を縦横無尽に発揮する。

この物ぐさ太郎のとなりに富士正晴を置いてみる。彼の戦争小説「帝国陸軍に於ける学習・序」「童貞」「徴用老人列伝」などを並べ読みする。すると富士のしたたかさの並々でないことが分かる。三十歳の陸軍二等兵として中国大陸を歩かされた。盗まず、犯さず、殺さず、しこうして生きて帰る、をおのれに課した。カラスの鳴かぬ日はあっても富士が殴られぬ日はないといわれたそうである。彼の戦争体験は小説という形で命を吹き込まれた。中国の徴用老人を描き、農村の女を描き、土と空気を描いた。天皇の兵隊の暴力とことばを書いた。

多田道太郎にとって鶴見俊輔と同じく富士正晴はつねに立ちはだかる人、そびえる人であったろう。多田が自分史に「豆」と付さずにはいられなかったのは、こういう巨人を意識してのことかもしれない。

野間宏『真空地帯』をめぐって

前章を書いてから、何か見落としているものがあるような気がしてならなかった。それが野間宏の『真空地帯』を論じたものだったと思いあたるまでに時間がかかったのは『著作集』に収録されていないからだった。

「野間宏『真空地帯』」は『岩波文学講座　創造と鑑賞1』（一九五四）に書かれたものだが、講談社文芸文庫『複製芸術論』の中でわたしは読んだ。野間宏と多田道太郎、もやもやと気になっていたのはこの関係だった。この論文が『著作集』に入っていないのはどうしてなのか。

「日本小説を読む会」の初期、野間宏はもっとも話題になる作家の一人だった。取り上げた作品も次のように多い。

『さいころの空』の報告は山田稔、『わが塔はそこに立つ』は高橋和巳、『青年の環』第五巻は福田紀一、『暗い絵』は富永茂樹、『顔の中の赤い月』は喜多川恒男が報告している。どの会もわたしに強い印象を残している。白熱した議論があった。会報を読みかえしてみると鮮明によみがえってくるものがある。多田は司会にまわることが多かった。

『顔の中の赤い月』は一九四七年に発表されたもので、取り上げた作品の中ではもっとも古いものだが、議論したのは一九九一年、半世紀が過ぎて、「古い小説」という感じをみんな持っていた。なぜそれを取り上げたのか、その年の一月に野間が亡くなったのだ。追悼の意味を込めての読書会だった。

その会は、連休最中の五月四日、楽友会館は出席十八名という大入りであった。山田が三カ月のフランス滞在を無事に終えたというので二次会は帰国祝いになった。多田も北イタリアの旅行から帰ったところだと記録されている。

ふだん寡黙な本田烈がめずらしく開会すぐに発言、フランス語で『そして赤い月が彼女の顔に上った』と翻訳されていると紹介した。「シュールやなあ」という声が上がった。いつもは冒頭発言の多い飯沼二郎がひとことだけしか記録されていないのもめずらしく、「社会性のない初々しさ。後で社会性を出すようになると野間の作品つまらなくなる」といっている。

野間の女性蔑視について、わたしがいい立て、他の女性会員も「愛し方に理屈が多すぎる」「うさんくさい」「恋愛ができる男ではない」などの発言が続く。多田は「野間さんは恋愛の不器用な人。しかし、恋愛の達人には会いとうない」と呟く。記録は小笠原信夫、山田稔となっている。

多田はテキストを間違えてこれを読んできていない。こういうことがしばしばあったが、会の終わりがけに次の発言がある。

「今日これをやると判っていたら欠席していたと思う。いまあわてて少し読みかえしたがやはり感動した。でもぼくは野間さんとはしんどい関係にあってね。昔の恋人に会いたくない気持ち。『青年の環』の最初のところを読んでファンレターを出して、会って付き合いがはじまったが、ある時期から離れてしまってね。作家としていちばんシンドイ時期に。これ読んでも否定形の多い文体に彼の苦しみがよく出ていて感動する。自分が堀川倉子になった感じ。今みたいにすらすら喋れなかった頃の自分を思い出す。……しかし離れたといってもぼくは昔の恋人の悪口は一切云わなかった」

『顔の中の赤い月』をやるなら欠席していたといいながら、やはり感動したというのもおもしろい。野間に対するアンビバレンスの素直な述懐か。この発言は貴重である。「しんどい関係」の中身はどういうものなのだろう。『著作集』に入っていないのと関係があるのか。

「読む会」で『青年の環』を読んだのは、このときから二十年前の一九七一年だ。福田紀一の報告はみごとなものだったが、この分厚い第五巻をみんなが抱えて集まったのも若かったからだ。多田はこれを野間の文学の最高の作品だと絶賛に近い評価をする。「野間のすべてが出ている」「この小説を読んでいる間中ずっと、手首に斑点が出てきたような気がして、読み終ったらとたんに消えた。何や全身で読む小説やった」。多田の野間に対する屈折はこの発言からは全然感じられない。

こうして見てくると、「野間宏『真空地帯』」は多田が「すらすら喋れなかった頃」の仕事であったということだ。この小説の概要を書くために三回読んだと書いている。

「三度目を読みおえて、やはりこれは大した作品だと思った。三年ちかく前、この小説がはじめて出たとき（一九五二年二月）、わたしを打ちのめした作品の良さは、少しも変わらずに、今もわたしをとらえる」

今『真空地帯』を知っている人がどれくらいいるか。当時でさえ、多田にしてさえ、あらすじをまとめるのには苦労した小説である。野間の小説はどれをとっても簡単に紹介できる代物ではないし、梗概になると似て非なるものとなりそうだが、多田はしんぼう強くていねいに説明している。

大阪の陸軍歩兵砲中隊が舞台である。主人公は木谷一等兵、尼崎の生まれである。窃盗犯として二年あまり石切の陸軍刑務所に入っていた。刑期を終えて内務班に戻って来る。凄みのある太々しさでみんなから怖れられている。この人物に野間は日本の最下層を代表させている。小作農家の次男で、酒飲みの父親は早くに死に、母親は男と家出。召集以前に何度も留置所に入っている犯罪者である。この反社会的人物は「家からも解放されている」と多田は読みとる。「一どもお母さんと叫んでいない」人物であると。

彼と対照的に描かれるのが曾田一等兵。京都の大学を出ているが、幹部候補生に志願しないで一等兵のままでいる。それは軍国主義、帝国主義国家に対するささやかな抵抗である。左翼思想に魅かれながら行動には出られない弱いインテリで、野間自身の軍隊体験が託されている。エリート風の曾田とはみ出し者の木谷はなぜか心を通わせる。この二人を取り巻く兵舎内の人間関係、建物の配置、日常の生活の描写で、日本の陸軍の内務班というものを読者はここから学んだ。兵舎の匂いや兵隊の息づかいなどを知ることができた。

たとえば学徒兵である安西。安西は多田に彼自身の軍隊経験をよみがえらせる。「権力の前にヘナヘナと腰を折るエゴイストの安西をえがいたところなど、顔をあからめずに読めない」と告白する。そしてこの後に次のような（　）書きを入れている。

（わたしは軍規をほとんど無視し、浮浪人のようなきたならしさだった。きちょうめんな班長はゴウをにやし「お前はニヒリストか」とどなった。中学出の班長はニヒリストということばを知っていた。「はい、そうであります」と答えてしまったので「態度太いぞ」というわけで、班内の古兵たち四、五人に、タライまわしに五、六時間連続ビンタをとられた。からだぜんたい痛みでふくれあがって一日中うなっていた覚えがある。しかしわたしは、反抗の姿勢をとっていたわけではない。できれば古年次兵の御機嫌を買いたかったのだ。しかしできなかった。原因は大半、わたしの「要領のわるさ」のためだ。わたしのなかの兵隊は、本質的に安西ふうであったと思う）

前から気になっていたのはこのことだった。「豆自分史」を読みながら、どこか落ち着かないものがあったのである。「この巧妙な語りはできすぎている」というほどにも明確ではなかった。こちら、三十歳の多田はこのような率直な兵隊体験を書いている。一方、「豆自分史」を語った人は七十歳になっていた。二つの間に四十年の歳月が流れている。そして、その間の多田は、戦争体験について寡黙であった。

『真空地帯』にもどると、ある小説について、多田が皮肉の一言もなくこんなに率直に褒めるのをわたしはあまり知らない。

「わたしは、それらの現象（軍隊内の権力闘争や腐敗堕落、引用者注）を生みだしてゆく根源的なもの、帝国主義権力の機構について、理論の上はとにかく、じっさいには無智同然だった。『真空地帯』は、わたしなどが軍隊で見聞きした事実の断片を、こと細かく辿っているばかりでなく、それらの断片はやがて一本のふとい糸につながれ、権力の根源と思われるところまでゆきつくのである。

おなじ階級の者をたがいにあらそわせることでかれらの団結、階級的反抗の芽をつみ、上級者へのぜったいの服従をしいることで下士官・兵を、それぞれ大小の機械の歯車と化すること——そうした軍隊の機構は、この小説のなかであますところなくバクロされている」

自分の戦争体験が体験として内的な定着を果たしたのは、この小説によってであるといっている。多田は野間よりも十歳若い兵隊であったから、軍隊という地獄に投げ込まれるや、なにがなんだかわからないままにクタクタ、ボロボロになってのたうち回った。フィリピンの戦場を体験し、軍隊の監獄まで知っている野間とは違う。多田学徒兵の現実、そこでの体験は体験ともいえない、意味不明の体験の破片だった。『真空地帯』を読んではじめてそれらがひとつのまとまりをもった。やっと戦争体験の統合を感じたのである。極限的な体験であればあるほど、その意味がそのときにはつかめない。いかにも初々しい告白で、若い多田道太郎がここにいる。多田の精神史に『真空地帯』は深くかかわっていた。

『真空地帯』については、五〇年代、文学に関心を持つ人たちの間で大変な議論があった。文壇人だけではない、知識人が議論に加わっている。それらは主に曾田の描き方をめぐって集中したが、多田の目は一貫して木谷一等兵からはなれない。そこが当時の論壇の風潮と異なる。「知識人の戦争体験とその責任」という当時の大テーマへは向かわない。木谷こそが野間の生みだした新しい典型的人物だという。そして「おまえはニヒリストか」と罵られた自画像をそこに重ねるのである。

「軍隊の機構をあばくべき代表選手として、そのような人物をえらんだのは大へんな成功であって、これがなければ『真空地帯』ぜんたいの成功もありえなかった」

その上で、この木谷に対する世間での否定論を紹介する。一つは庶民大衆のからの反論、一つは革命的知識人からの反論である。前者は雑誌「思想の科学」(一九五四年十月)が採集した意見を援用する。軍隊経験者の「軍隊に入った以上頭を切り替えよ」「もっと要領よく」というもので、木谷の反抗の思想的意味を理解しない人たちだ。

後者には石母田正や杉浦明平、佐々木基一らの名を挙げて、「こんなぐうたらなやくざ、せいぜいアナーキストにすぎぬ男を、真空地帯を打ちこわす「革命」の英雄にまつりあげるのはコッケイだ」という主張を紹介する。

多田の考えは次のようである。

「木谷のような犯罪者でなければ、あれだけ多くの軍隊の壁を突きやぶることは現実に不可能だった」

「『真空地帯』に匹敵する軍隊小説を当時読んでいれば（空想にすぎない）、あれほどのグウタラではなかったろうにとゴマメの歯ぎしりをする」

「孤独者が社会の秘密をバクロしてゆくという「批判的リアリズム」の一傑作として、主人公の木谷の名はジュリアン・ソレル（「赤と黒」）などとともに、いつまでもわたしたちの心にのこる」

これ以上引用しないが、多田は絶賛している。この小説が傑作である所以は、もっぱら木谷という人物を描きえたことによる。そして、多田自身の体験が少しずつ明確になってゆく。班内の古兵群像の言動にも真実味を読む。彼らが知識人や学生に対して持っているひがみと恨みの感情をそこにまざまざと思い出す。次も（　）書き。

（まさにこのような人物によってわたしは軍隊でしめあげられてきたし、しめあげられることで日本の民衆というものの地肌にぶつかったのである）

こういう表現をたどって多田の兵隊体験がゆっくりと立ち上がる。温室の中で育った植物のような学徒兵だった。あの地獄で「日本の民衆というものの地肌」にぶつかったのである。その過酷な体験をまだ全体としてつかみきれていないと喘ぐように感じている。そのようにこの『真空地帯』の分析を読むことができる。先に書いた戦争体験の語りとは、ほとんど別人かと思われる。

『真空地帯』が一九五〇年代の文学状況の中に巻き起こした激しい論争を、その総体を紹介するのは本道から外れるが、一つの騒動について触れておきたい。

それは「新日本文学」の中で起きた。一九五三年に『真空地帯』の研究会が催され、肯定派と批判派が対立した。前者は蔵原惟人、水野善明、小田切秀雄、後者は花田清輝、湯池朝雄、中野重治、岡本潤、桧山久雄、大西巨人。やがて左翼文学を二分する論争に発展する。

事の起こりは、大西巨人の『真空地帯』批判に始まる。「俗情との結託」というその評論をわたしは次のように理解した。日本の軍隊は「真空地帯」ではない、その構造は社会の津々浦々までゆきわたっている。これを特殊視するのは権力の側の狡知である。大西はそうした批判をもこめて、代表作となる大長編『神聖喜劇』を書いたが、もともと作家仲間の議論であった。それを越えてしまったのは、ここに宮本顕治が加わり、政治、というより政党と文学の大議論になっていったからである。野間は革命文学の旗手になっていった。『真空地帯』が政党左翼の聖典になってしまった。

多田がこうした東京中心の論戦を知らなかったとは思えない。この『真空地帯』論を書いた前後のことであるから、東京は多田にとって地雷原のようにも思えたのではないだろうか。後に花田清輝が吉本隆明と大論争を展開したとき、多田は小声で花田を支持していたが、大声の発言はなかった。とくに論評もない。ときどき、小さな引用をして花田を語るだけであった。たとえば、『変身 放火論』のあとがきなど。大西巨人も野間宏も巨石文学とでもいいたい存在であって、小石のような私小説が好きな多田にとっては、遠からず「しんどい関係」になるのも自然の流れだったのか。

この『真空地帯』論の最後には取ってつけたような次の数行がある。

「手法はリアリズムではない、むしろ「悪夢」の散文詩にちかい。べっとり汗をかきながらうなされている、そのような夢みるひとの、主観的な（したがって抒情的な）、つきることのない呻きの連続であった。かれはそういう場所から、しだいに人民全体の問題に関わるところまで「長いあいだ喘ぎながら」出てきたのである。かれは戦後共産党に入党し、実践によって人間と社会をみる眼をきたえてきた。その成果が『真空地帯』という一篇の小説にあるわけだ」

何ということか。論壇中央の批評に対して、終始木谷こそが日本軍隊の爆弾だと読んできたのである。当時の戦争体験論議の中で、その主張に多田は全身をかけていた。それが最後の幕切れになって「人民全体の問題」とか「共産党に入党し、実践によって人間と社会を見る目をきたえ」た、などといわれると、わたしは困る。

社会にも政治にも、多数派のすべてに逆らっている木谷利一郎という小者に、多田は絶対の支持を表明していたのではなかったか。「人民全体の問題」など木谷の知ったことではない。そういう無責任な破れかぶれの小悪党だから大状況を浮き彫りにできた。そういう人物を描きえたと褒めてきた多田が最後に礼儀正しい常套的な挨拶をしている。

『文学の再生　野間宏から現代を読む』（富岡幸一郎、紅野謙介編・藤原書店・二〇〇一五）は巨石のような野間宏にふさわしい大著で、「野間宏の会」の二十年のあゆみがまとめられている。多田道太郎にとって野間文学はどういうものだったかを考えているわたしにいろいろなことを教えてくれる。

その第一回の席で安岡章太郎が興味深いことをいっている。『真空地帯』八〇〇枚が書きおろしで出たとき大変な反響があった。しかし、自分は読まなかった。読んだらもうものが書けなくなると思った。でも、気になるから映画を見た。「浅草で『真空地帯』の映画を見た時、観客が完全に軍隊というものを誤解している、そしてこれが僕は自分の内務班体験というものを書かなきゃならないと思った大きな理由でした」という。木谷については、被差別部落の出身であるということをはっきり書かないと分かりにくいと批判している。多田も木谷の不遇、不幸について説明が不足だといったが、安岡はより具体的に日本社会の差別構造の中に位置付けていた。このことは当時野間にも直接話をし、野間は否定しなかったと安岡はいう。

安岡は多田に比べると、小説家としての修羅場へ踏み出す覚悟で、『真空地帯』に向き合っている。しかし、多田も青年らしいがんばりを見せているのである。

わたしはここまでオブローモフについて何の説明もつけないで書いてきた。多田がそうしてきたのでそれに従っていた。多田を追いかけるのに手順などというものも通用しない。すぐに迷路に入ってしまう。多田のロシア文学への傾倒はしばしば文章の中に表れるが、唐突で惑わされることが多い。その最たるものがオブローモフであった。

三十歳の多田が兵隊の体験を語るのにまず出てきたのは「ニヒリスト」ということばだった。七十歳のとき、それが「オブローモフ」になっていた。「ニヒリスト」に固有の名がついたのである。これはどういうことだろうか。

「オブローモフ」とは十九世紀のロシア文学者・ゴンチャロフの小説の主人公・オブローモフ村の「だんな」である。

「彼は勤めに出たこともある――するとそもそも何のために書類を書くのか理解できなかった。理解できないままに彼は、辞職して何も書かないのが一番いい、と考えた。彼は勉強したこともある――すると学問が彼にとって一体何の役に立つのかわからなかった。これがわからないままに彼は書物を隅の方につみ重ねて、それがほこりにおおわれるのをひややかにながめていることにきめた。彼は社交界に出たこともある

――するとなぜひとびとが客によばれてゆくのかわからなかった。これがわからないままに、彼はすべての知己をすてて、幾日もつづけて自分の部屋の長椅子の上によこたわっているようになった。彼は婦人たちと交際したこともある。だが、婦人たちからそもそも何を期待し、何をえたらいいのかと考えた。このことを考えて、問題を解決しないままに、彼は婦人たちを避けはじめた……。彼にとっては、何もかもが退屈でいやになった。そして彼は、何のためかわからぬことに骨を折ってあくせくしている「ひとびとの蟻のような仕事」にたいする、完全な、意識的なさげすみの念をいだきながら、横になってねているのであった。」

この長い引用はゴンチャロフの文章ではない。『オブローモフ主義とは何か？』(岩波文庫)の著者・ドブロリューボフのもの、ドブロリューボフはゴンチャロフと同時代の人である。農民革命による社会主義的ロシア共和国をめざして活動した人々の中で中心的人物であったという。「ドブロリューボフはわずか四年の文筆活動ののちに二五歳で死ぬが、彼の著作はロシアばかりではなく、ヨーロッパの他の国々にもつよい影響をあたえる。マルクスは彼を「レッシングおよびディドローに比肩しうる著述家」と評している」と文庫本の解説にある。早熟、夭折の人である。

この小さな岩波文庫本がなぜわたしの本棚にあるか。長い間すっかり忘れていたが、一九七五年刊のこの本は多田に薦められて読んだのにちがいない。

多田の学生時代にゴンチャロフの「オブローモフ」は大人気だったらしい。『オブローモフ主義とは何か？』も仲間内で回覧されるほどだったと、『ことわざの風景』（一九八〇）の中の「なまけ者の食急ぎ」に書いている。しかし、七〇年代まで多田からその名まえを聞くことはなかった。

明治学院大学での最終講義にオブローモフの名を見たとき何となしになつかしかったのも、七〇年代の多田に重なるからであった。巧みな語りによってこちらがほんとうのオブローモフにも見えてわたしたちは大いに笑った。「すらすら喋れなかった」多田道太郎ではない、座談の名手だ。退官記念の最終講義にふたたびその姿に出会ったのである。

ドブロリューボフのいう「オブローモフ主義とは何か？」は、オブローモフのエピゴーネンがロシア革命前夜の社会の病弊となっていた現象を分析している。多田はゴンチャロフの主人公などどうでもよいかのように、ひたすら怠けること、逃げることに対するあこがれを語っていた。

戦時下でみじめな兵隊を生きるとき、オブローモフはまだはるか彼方にいた。『真空地帯』に向き合って、こういう主人公を知っていたら違う生き方ができただろうと表白したときもオブローモフの名まえはない。オブローモフは所詮優雅な学生時代の知的な幻影でしかなかった。再びロシアの怠け者の名まえをガウンのようにまとったのは七五年のころにちがいない。そのとき「すらすら喋れない」自分を克服できていた。それだけでなく、ニヒリストと罵られた兵隊の体験も客体化できた。

野間宏としんどい関係になったのが、何によってか、いつごろかは結局分からない。多田がその第一巻にファンレターを出した『青年の環』の完結は七一年である。野間にとっての七〇年代は年譜で見ると大変なものだ。七三年にアルマ・アタのA・A作家会議に出席、七四年に「日本・アラブ文化連帯会議」で議長、金芝河の助命運動、七五年から「狭山裁判」を「世界」に連載。野間宏は世界の巨石となっていた。多田の方がそこから逃げ出して「しんどい」ことになったのではないだろうか。

三章　「不安神経症」時代

『変身 放火論』の「金閣寺」

去年（二〇二〇年）は三島由紀夫の没後五十年だった。新聞や雑誌にその名を見ることが多かったが、新型コロナウイルス禍の報道の渦に隠れて目立たなかった。新しい「金閣寺」論も現れた。大佛次郎賞を受賞した『金閣を焼かなければならぬ　林養賢と三島由紀夫』（河出書房新社・二〇二〇）、著者・内海健《たけし》は精神科医ということだ。長年の構想の下に書きおろされた力作である。医学的に『金閣寺』を読み、犯人に未発の分裂症があると直感した。医師はこれを描ききった三島由紀夫に妖刀のごとき才能を感じ、『金閣寺』の真実に迫ること二十年がかりだったという。一読して、三島の記念すべき年に小説『金閣寺』は新しい光をあてられたと思った。多田にも「金閣寺論」があった。

『変身 放火論』（講談社・一九九八）の第四章である。初出は、「群像」一九九七年一月号。最初に読んだときの訳のわからなさは忘れられない。冗談のような飛躍や連想に次ぐ連想にもついてゆけなかった。ところが、内海健が展開する三島由紀夫と林養賢（『金閣寺』放火犯のモデル）の物語は鏡のように『金閣寺』を読む多田を映し出した。そこに多田の精神史がひそめられているのではないかとうながされる。それにわたしは気づいていないだけではないか。内海健の三島論をいいきっかけにして読みなおすことにした。

金閣寺が放火によって消失したのは、一九五〇年七月である。『転々私小説論』（講談社文芸文庫・二〇一二）巻末の年譜にはその一九五〇年の項が抜けている。たまたまかもしれないが暗示的だ。多田道太郎は二十六歳。前年に京大人文研の助手になり、「世界文學」にサルトルの『唯物論と革命』『革命の神話』やエドモン・アブー『伯父と甥』の翻訳を載せた。「世界文學」は三高からの恩師である伊吹武彦がその編集に携わっていたので、彼の依頼というか薦めだったが、華やかなデビューといえる。そして、五〇年の項がなく、五一年には人文研の「ルソー研究」発表とあり、学究への道が本格的に始まった。五〇年の空白は妙に謎めいてくる。

金閣寺が燃失した年、社会面をみると、聖徳太子肖像の千円札発行、丸木位里・俊子「原爆図」を発表、学術会議が戦争目的の研究に従事せずと決議、全国の大学で反イールズ闘争激化、全面講和論の南原東大総長を吉田茂首相が「曲学阿世」と非難、『チャタレイ夫人の恋人』で翻訳者の伊藤整が起訴される。

六月に朝鮮戦争勃発したことも大事件だった。その直後の騒然たる中で金閣寺放火が起きた。京都に限って見ると、大きな火事がやたらと多かった。金閣寺の三週間後に松竹下賀茂撮影所が全焼した。八月、大映京都撮影所、十一月、国鉄京都駅舎全焼。大空襲を免れた京都のどこか不穏な空気である。第三高等学校が廃止になり、京都帝国大学は新制の京都大学になった。蜷川虎三が知事になった。

こんなに京都が「燃えていた」のに、多田は得意の世情風俗の観察をまったくしていない。「金閣寺が燃える」というのは京都人にとってずいぶん大きなことだったと思うし、当時多田が住んでいたのは金閣寺に近い紫野だったはずだから、なおさらに不自然である。

『変身 放火論』は全編語りの文体だが、とくに『金閣寺』を語る第四章、冒頭の漫談風はやや異様である。

まず、人文科学研究所が「人糞化学研究所」と書きまちがえられたエピソードを紹介して笑いをとる。その研究所の歴史を語り、桑原武夫の登場を語る。数頁にわたってカタカナ語が溢れる——インスティチュート・フォー・ヒューマン・スタディーズ、プラグマティスト、シュード・サイエンス、シェルドンの体質学、モリスの記号論、ダブル・バインド、などなど、ちょっと躁状態である。注釈でもないととても素人には分からないし、『金閣寺』はどうなったのかと思う。

気になるのはミンコフスキーの精神分裂病の話である。桑原・鶴見俊輔らの新しい学問、彼らのプラグマティズム哲学や共同研究という方法をめぐって多田は屈折した思いを抱えていた。不安でしようがない。憂鬱が深まる。

「そういう影響で起こってきている新学問というものと、ぼくの文学青年的なセンスの間に分裂がある。それがぼくの当時の、今思うと奥底の悩みでしたね。心の中で深い分裂、あるいはダブル・バインド（二重拘束）を感じていたというのが、昭和二十年代から三十五年ぐらいまででしょうね」

「ぼくは「神経症」になったんですよ。自分で勝手に「不安神経症」と名づけてました。不安で不安でしようがない。目の前が急に真っ暗になって、密室へこもって、自分一人で暗いところでじっとしていた。それから、汗がたらたら流れてくるから、手ぬぐいでふいたり、それはえらいことだった。（略）今思うと、ぼく自身、金閣寺放火犯人、それから『金閣寺』作者三島由紀夫とも通じる「狂気」を病んでいたのかもしれない」

思い余ってミンコフスキーの専門家である村上仁教授を訪ねる。

「ぼくの病気の症状なんかには、先生全然興味がない。こっちは不安で不安で目の前が真っ暗になっているのに、村上先生は、きみ、人文研なんかで勉強しているんだろう、ルソーをやっているんだろう、そういう話をして、「ルソーちゅうのは晩年はほんまにおかしかったのか」とぼくに聞くから、あのときは困ったね。ルソーという人が、最後は被害妄想みたいな症状に陥ったことは事実のようですが」

多田は京都大学を卒業して大学院に進むが、その年の十二月には中退、人文研の助手になった。大抜擢である。しかし、本人にとってはどうだったか。五一年には『京都大学人文科学研究所報告・ルソー研究』（桑原武夫編、岩波書店）に論文を発表した。いわば疾風怒濤の中だったともいえる。しきりに苦しかったと告白しているのがこの時期である。

三島の『金閣寺』は一九五五年に出版されたものだが、小説内の時間は五〇年である。それは多田の不安時代に重なる。仮説というには妄想に近い思い付きがわたしに生まれた。『変身 放火論』第四章の過剰な自己告白は、三島が小説内で発散させる狂気に刺激されて突然あふれ出たのではないか。内海健のいう三島の「妖刀」が作用したのである。

三島と多田との間には戦争体験の共有ともいえるものがある。多田の戦争体験については先に書いたが、三島についていうと、第二乙種で兵役に合格しながら入隊検査の誤診で兵役免除になる。多田は「ついでながらぼくは第三乙、三島より劣等のからだです」と断りを入れずにはいられない。「読む会」での「多田と三島は似ている」といった高橋和巳の批評をまたしても思い出す。二人は屈折していながら深く関係しあっていて、この第四章にもその片鱗がある。

「彼（三島）の小説とか、思い出を語ったものなどにも、戦争のつらさとか爆撃を受けた実体験が一切出てこない。これはどういうわけなのか、本当に不思議だなと思っていたのです。／そういうことで、ぼくと三島は同時代人であっても、経験の質が過激に違うわけです。同時代人だからということで、ある過去を共有することはあるのだろうかという疑いはぼくにはずっとあります」

こういう打ち明け話は語りものにとても似合う。どんどん饒舌になって、水上勉の小説『金閣炎上』に着地する。多田はそれに最大の評価を与えている。ドキュメンタリーが小説の域に達しているというのである。興味深いのはそこで、自分もこういうのがやれるのだと自慢していることだ。やはりここでも、水上から自分へ語りを還流させる。

「ぼくは一九六七年にブルターニュへ入って、農漁民にインタビューして、そのインタビューにコメントをつけて論文として発表したんですけれども、人類学的なやり方としては、それは世界でも早い方でした。でも、水上さんは、まさにそういうことをもっと芸術的にやっておられるわけです。この作品に感服しました」

ドキュメンタリーが小説に熟す寸前の美を多田は愛した。それを水上はやっている、自分もできる、『ブルターニュ半島』(194頁参照)であるといっている。これは三島の『金閣寺』を考察するとき重要なことだ。『金閣寺』の美しさは、フィクションの構築の完璧を期しているところにあるから。ドキュメントとフィクションの対決を問題にするなら、ここにとどまって論じないといけない。しかし、なぜか、この議論はここで中断する。気まぐれのような中断と飛躍――『変身 放火論』全体が中断と飛躍の躁状態といっていい。

水上勉の『五番町夕霧楼』が出たとき多田はすぐに関心を持った。「読む会」で取り上げたのは、これが出版されて間もない一九六三年、報告者は山田稔。多田が山田に推薦したと記録にある。しかし当日本人は欠席、その推薦理由を聞くことができなくてみんな苦笑したのだった。

山田の報告には、「なんと哀しい小説であろう。この哀しさは涙腺を刺激する。複雑な哀しみは涙を流させない。この小説が哀しいのは、それが単純化されているからである。（略）三島の『金閣寺』は比喩的にいえば皿数の多い西洋料理である。ただしバターの質はよくない。胃にもたれる。それにくらべると『五番町夕霧楼』は一切の薄い鮭の切身だけの食事の味だ。あっさりしていて、塩辛さだけが残る」とある。討論は、おおむね冷たい反応で、その後「読む会」で『金閣寺』を取り上げることもなかった。

『五番町夕霧楼』は『金閣寺』に比べると田舎くさい気がした。わたしは水上と同じ福井の出身だったので、三島の方が立派に見えた。金閣寺消失のニュースは小学生だったわたしを怯えさせたし、朝鮮戦争がはじまったというニュースと重なって、大変な時代がきたのだと恐ろしかったけれども、そういう子どものときの体験を「読む会」で披露する力がなかった。『金閣寺』の方が日本文学の本格小説と見えて、水上の作家的挑戦に無関心だった。

多田が本気で「なぜ、人は火を放つのか」を追求するのなら、水上と三島を併記することもできただろうし、水上に重点を置く方法もあったろう。三島の『金閣寺』でなくてはならなかったわけは何か。

『金閣寺』の主人公が吃音であることは重要だとわたしは思う。三島は小説のはじめの方に次のように書く。

「吃りは、いうまでもなく、私と外界とのあいだに一つの障碍《しょうがい》を置いた。最初の音《おん》がうまく出ない。その最初の音が、私の内界と外界との間の扉の鍵のようなものであるのに、鍵がうまくあいたためしがない。一般の人は、自由に言葉をあやつることによって、内界と外界との間の戸をあけっぱなしにして、風とおしをよくしておくことができるのに、私にはそれがどうしてもできない。鍵が錆《さ》びついてしまっているのである」

日本が中国での戦線を拡大しているとき、青年たちはみな徴兵に怯えている。吃音で痩せて上背はあるが父の結核体質を受け継いでいる主人公は「お役に立つまい」と見られている。

主人公は「溝口」という名を持っているが、「私」語りの一人称で小説は成り立っている。一見絢爛豪華なことばの氾濫は、吃りの青年にふさわしくないようにみえる。そのボキャブラリーはさながら三島自身で、とても貧しい田舎の青年とは思えないと多田はいうが、このきわめて強烈な一人称は、吃音という障碍によって、内界と外界を堅固な扉で閉ざされている青年の内面の密度を示している。劣等感に苛まれる内面が不似合いなほどに端正な文体で華麗に展開される。それが青年僧の鬱屈の深さと強さだ。

多田はなぜかこの吃音にまったく無関心である。

多田の語りは変転し飛躍し、連想に次ぐ連想で、一つ一つ目くじらを立てても始まらないかもしれない。しかし、女をめぐる二つの出来事については素通りできない。

「ぼくが一等おもしろいな、いいなと思ったのは、「有為子」の乳房出しです」と多田はいう。「有為子」にかっこがついているのは、「私」の初恋の人・有為子は小説の冒頭で劇的な死に方をしてもういないからだ。ここの女は有為子ではない。三島はこの小説に登場する女すべての原型として最初に「有為子」を提示している。とはいえ、「有為子の乳房出し」とは奇妙な表現だ。

ここの場面を具体的にいうと、「私」は念願の金閣寺入りを果たし、そこではじめて親しみを感じる友人（鶴川）に出会う。この小説の中で唯一純粋無垢を体現している人物だ。ある日の散歩で二人は南禅寺山門に上がる。すると眼下に塔頭（天授庵）の部屋がのぞかれる。そこで着物姿の女が胸を広げて乳房を出す光景が見える。女は妊婦らしい。茶碗に乳を注ぎ入れる。傍らの男にのませる……密会を目撃する。

遠景の一瞬の出来事が、まるでカメラのズームのように拡大描写される。一枚の浮世絵か枕絵のように鮮やかだ。いや、斜め上からの構図的は絵巻物の一場面。

しかし、これはありえない図柄である。出産の経験のある人ならこの不自然さに唖然とする。「源氏絵巻」で碁盤の目が細密に描かれているのとは違う。妊娠中の乳房からはこんなに乳は迸り出ない。何かが出たとしても、遠く、山門の上からは見えるはずがない。その場面を「一等おもしろい」と多田はいうのである。彼も三島につられて踏み外している。

もう一つの場面――「私」は英語ができる。それでときどきは外国人に観光案内をさせられる。ある雪の朝、娼婦らしい女を連れたアメリカ兵の案内役をさせられた。男と女はケンカを始める。とつぜん、女が男を平手打ちする、男が反撃、女は雪の上に倒される。男は「私」に女を「踏め」と命じる。ここは『金閣寺』の中でも衝撃的な忘れがたいところだ。

多田は「ここはスゴーイと思いました」、「エロ」ぎりぎりですねという。エロティシズムにまず反応しているのである。

「男のサディズム、アメリカの暴力、そういうものが女のコンプレックスに変身し、「オー、ジャーアック。ツー・コールド!」という絶頂感の叫びとなって噴出している。『金閣寺』の一ばんスゴイところは「詩」の絶叫にある。絶叫は娼婦の絶頂感の叫び。叫びを感じさせるためのオトギバナシが小説『金閣寺』だが……」

ちょっとわけが分からない。男のサディズムとアメリカの暴力が女のコンプレックスに変身することなどありえない。また「ツー・コールド」は絶頂感の声などでない。むしろ怒り、あるいは絶望の呻きである。これを「「エロ」ぎりぎり」というのは単なる誤読だが、ここに「詩」を感じるとは異様だ。「詩」の専門家である多田がいうことか。そして「詩」の次は「オトギバナシ」という。しかもやや侮りめいた口調になっている。

女はコートの下に薄い下着をつけているだけで無力そのものである。肌もあらわになった女の腹を「踏め」と命じるのはアメリカ兵だ。命じられる「私」は女に愛されたことのない男、しかも若い僧。彼は、アメリカの圧倒的な暴力にあらがうことができない。しかし、「私」は女の柔らかい肌を踏むことで、突然、奇妙な快感を覚える。ここであらわになるものをサディズムとコンプレックスで説明するなら、むしろそれらは女にではなく、「私」の内面に生じている。「私」は復讐の喜びというものをはじめて実感したのだ。自分の中の女に対するコンプレックスをサディズムに変貌させることができた。心理的な射精。

では、三島はどう描いているか。

はじめの南禅寺山門での場面は、その後の物語の展開の中で事情の説明がある。男は出征前の軍人で恋人と最後の密会だったが、戦死。妊娠の女は死産ののち生け花の師匠として生き延びる。日本軍国主義が戦後に残した悲恋物語だ。政治が生みだした悲劇だが、いかにも通俗小説的だ。こういう話は京都にも世間にもよくある現実だった。

次の金閣寺の雪の朝事件。怒りをおさめたアメリカ兵が「私」に対して「もういい」という。そして「私」に二カートンの米国たばこ「チェスタフィールド」を渡す。お礼として受け取った「私」に共犯関係ができる。「私は玄関先の雪の照り返しの中に、頬をほてらせて立っていた。（略）私の体は昂奮していた」。若い僧の暗い喜びを三島はなめるように描く。米国たばこは「私」から金閣寺の老師に贈られる。ここにも共犯が成り立つ。老師はそのご褒美として「私」の大谷大学への進学を許すことになる。小説の中で大状況と小状況が鋭い棘をもってからみ合う。

水上になくて三島にあるのは、このミソジニー（女性嫌悪）とサディズム（嗜虐趣味）である。「私のゴム長の靴裏に感じられた女の腹、その媚びるような弾力、その呻《うめ》き、その押しつぶされた肉の花ひらく感じ、或る感覚のよろめき、そのとき女の中から私の中へ貫ぬいて来た隠微な稲妻のようなもの」と三島の書き方はしつこい。この強烈なサディズムとミソジニーに多田は強く引きこまれて、我を忘れている。

この「雪の朝」事件については女たちの反論がある。

まず、『金閣寺の燃やし方』（講談社・二〇一〇）の酒井順子である。

「苦い読後感をもたらすこのエピソードは、すなわち米兵の子を妊娠したパンパンが、男から堕胎を迫られて怒り、その態度にいらついた米兵が、たまたまそこにいた寺の徒弟・溝口に女の腹を踏ませた、ということなのでしょう。戦争に負けた国の女が、勝った国の男に身を任せ、その始末を負けた国の男、それも聖職につく男が強制されたのです」

もっと本格的にこれを分析したのが西川祐子である。『古都の占領』（平凡社・二〇一七）では、一九五〇年の京都の地図が細密画のように示されて、そこに小説『金閣寺』の世界を広げてみせた。この大著はサブタイトルに「生活史からみる京都1945―1952」とあり、第一部「目に見える占領」、第二部「目に見えにくい占領」

の二部仕立てで構成されている。膨大な先行研究を動員し、丹念な聞き取り作業で裏付けされた生活史である。

その「終章　目に見えにくい／目に見えない占領」に「三島由紀夫『金閣寺』を占領期京都地図上に置く」の一節がある。この小説には、三島における「アメリカ」が鮮明な意識で問題視されている。この雪の朝の出来事は絶妙な手法ではめ込まれた。「戦勝国である米国と敗戦国である日本の力関係が、性的比喩を用いて描かれている」。また「赤いコートの女が「日本」の象徴であることを小説家は読者にわからせようとしている」。白い雪と赤いコートは日の丸である。

西川は京都の子だった。子ども目線の記憶と占領期京都の地図が丹念にたどられる。三島が『金閣寺』執筆のために残したノートは人類学者のフィールド調査に似ているが、西川の作業と時間をずらして重なる。そうして『古都の占領』では、金閣寺界隈に「進駐軍の秘密事務所」があったことや北野町の上七軒歌舞練場が米軍専用のダンスホールであったことなどが明らかにされる。京都ではみんな知っていること、『古都の占領』はそれらの証言を糸のようにつないで、読者を一九五〇年の金閣寺に連れて行く。

西川はいう。「作者三島由紀夫は、雪の金閣寺場面で象徴的登場人物たちを表象にして日本占領を描いた後は、青年僧とダンサーを見捨てたのではないだろうか。小説家は青年僧の母親にいたるまで、この小説のすべての女性登場人物たちにたいし嫌悪感をいだいている」

三島の女性嫌悪に多田は自身のサディズムを激しく共振させて、『金閣寺』の世界に入りこみ、「これは詩だ」と叫ぶ。しかし、この異様な昂ぶりと飛躍する文脈は、じつは何も語っていない。またしても多田の自己韜晦を見るのである。

さて、西川の著書から思いがけないことを知った。

占領期の京都で発行されていた「世界文學」(一九四六年、柴野方彦創刊)に三島由紀夫が執筆していたこと。その中の小文に、まるでこれから書く小説を予告するようなコメントを寄せていること(一九四九年)。これから書く小説というのは『金閣寺』であること。それには織田作之助が強く意識されていること。織田作は「京都日日新聞」に「それでも私は行く」を連載し、占領下の京都を歩き回ったが、彼もまた「世界文學」にしばしば登場する無頼派作家だった。

多田がサルトルの翻訳を載せたのもこの時期だ。「世界文學」という雑誌空間で三人は出会っている。三人はともに「時代の子」だ。彼らの文学もまた、相見ぬままに交差している。三人といったが、多田はまだ何者でもない。彼の告白では、真っ暗闇の不安の中で呻吟していた。

『変身 放火論』第四章の中に次の紹介がある。

「日本でいえば幕末のころエドモン・アブーという作家が『伯父と甥』という小説を書いています。ぼくはこれを昭和二十四年、二十四歳のときに、『世界文学』誌上で翻訳しました。我が未来が暗示されたような仕事でした。それがぼくの運命を決めたようなもの」

この翻訳には愛着があるのか、古希の祝いに集まったとき配られた。フランス綴じの洒落た掌本で二五〇部発行（天文書院・一九九四）となっている。アブーという作家をわたしはここでしか知らないが、パラノイアとメランコリーとが一緒になったようなコメディーである。甥の財産を狙った伯父がその甥を恋愛妄想狂だとして精神病院に幽閉しようとする。ドタバタがあって、逆に伯父が患者になってしまう。「ぼくの運命を決めたようなもの」などといって、ここでも笑いをとろうとする。

西川が京都地図の上に三島の小説を展開して見せてくれたのに対して、『金閣を焼かねばならぬ』の内海は、ヨーロッパの精神医学、精神分析の歴史の中に『金閣寺』を載せて解き明かした。空間と時間の二つ分析が並んだことによって、わたしたちは新しい地平に出ることができる。すると多田道太郎の『変身 放火論』の第四章は『金閣寺』について書かれたものではないと気づく。多田は『金閣寺』をきっかけにして自身の精神史の一時期を語ったのである。いくぶんふざけ気味に、いちびりながら。

この第四章を書いた（語った）とき、多田は七十三歳である。若い懊悩の日々を打ち明けずにはいられない衝動が老いた彼を襲った。一九五〇年代が青年期「不安神経症」の時期としてよみがえった。多田道太郎のスタイルが確立する前の生みの苦しみがここに隠されていたとわたしは思う。

二つの共同研究

京都大学人文科学研究所教授としての多田の最後の仕事は、ボードレール『悪の花』の共同研究である。その成果が大部な二巻本『シャルル・ボードレール『悪の花』注釈』として一九八六年に出版された（以下『注釈』と略称）。次いで論文集『ボードレール　詩の冥府』が一九八八年に出る（以下『詩の冥府』と略称）。

『詩の冥府』の「あとがき」にいう。「亡き大槻鉄男と杉本と私と、三人して祇園の長机に倚りつつ、ボードレールを読む会とはいかがなものかと額を集めたのは十数年前の山滴る新緑の宵であった」。そして「山装う秋」になって、松本勤、西川長夫が加わった。その後「若い本格的な学者の東西より京に集う」運びとなった。

ここにわたしが名まえをひいたのはみな「読む会」のメンバーである。どうやら多田は「読む会」の空気感でこの共同研究を始めたようである。そういえばこの「あとがき」も論文集らしくないスタイルだ。

「研究会と名こそいかめしいものの、内実は気随にボードレールを読む会の、いよいよ山と鬼とのざわめく節分にさしかかって

山笑ふ
　鬼のみやげや
　　悪の花

一句を寄せてきたのは杉本秀太郎である」

この句は杉本自身の朱の筆跡そのままに表紙を飾っている。

多田が人文研の助手となったのは、桑原武夫が推進する新しい共同研究のメンバーと見込まれたからである。助教授だった鶴見俊輔が試験官であった。以後多田は一度も外部に出ることなく定年まで在職した。人文研の慣例では数年の助手期間を過ぎたら一度は外の大学か研究機関に入ることになっていたので、異例のケースである。桑

原が班長の共同研究「ルソー研究」（一九五一）や「フランス革命の研究」（一九五九）「文学理論の研究」（一九六七）などを多田は手伝った。その成果はすべて岩波書店から出版された。

京都大学教授としての最後の仕事となったボードレールの『悪の花』研究と初期の「文学理論の研究」をめぐって多田道太郎のスタイルを考えてみたい。この二つを選ぶのは、研究会のメンバーにわが「読む会」の人が多くいて親しい気分になるからである。その人たちは多田を中心にどんな表情を見せているのだろうか。しかし本音をいえば、この二つの研究会の記録をたどる以上のことはいまのわたしの能力を超える。亡き人たちに出会える、その声がよみがえると思ってがんばることにした。

『文学理論の研究』は発足して七年がかりの仕事となった。その「序言」で桑原はいう。「文学作品の生産量において、現代日本は世界に冠絶している。一般人のよむ新聞にも、高級な総合雑誌にも、小説はかならず載っている。（略）さまざまの「全集」という名のもとに再生産される文学作品の量も、おそらく世界最高であろう。夏目漱石、島崎藤村といった大文学者はもちろんのこと、多少とも有名な作家は、その死後、かならず全集が出るならわしになっており、それは梶井基次郎、立原道造といった夭折した文学者にまで及んでいる。中江兆民、内藤湖南のような日本の誇るべき一流の思想家、学者の全集がいまだに出版されていないことを思うと、現代日本人の文学への愛好がいかにはげしいかを、あらためて痛感させられるのである」

今昔の感がある。ここにいうところの「現代日本」はもうすっかり過去のものとなっている。そのころ盛況をきわめた全集は、今、古本屋も引き取りたがらない。小説をめぐる状況はまるで変わってしまった。思い返せば一九六〇年代というのは「小説の時代」でもあったのだ。文学、あるいは小説が人びとの文化的活動の中でかつてない比重を占めている時代、従来の哲学や宗教が果たしていた役割をも兼ねている時代だった。ある小説を作家が書き読者が読むとき、その小説の価値は、両者をともに自由にすることだ、そして両者を幸福にするのだと桑原はいう。この文化論は理論化されなければならないという趣旨で共同研究が始まった。

桑原は文学を木にたとえる。木は地上に枝葉を伸ばし花を咲かせるが、地下に根をはびこらせて養分を吸う。文化論は美しい花だけを論じていてはだめである。木の根がどの地層に属しているかを見るべきだ。日本の地層は大雑把にいって三層からなる。いちばん表面に近い部分は西洋からの影響、次に封建的サムライ的、あるいは儒教的文化の層がある。いちばん深いところに古代神社崇拝に見られるシャーマニズムの世界がある。文学のよって来るところの地層におよぶ文化史的、学際的研究を試みたいという夢である。

そうして文学、哲学、宗教、社会学、心理学などの研究者が集められた。十九人のメンバーのうち、多田道太郎、竹内成明、山田稔、高橋和巳、橋本峰雄、梅原猛、西川長夫、杉本秀太郎、荒井健、松田道雄が「読む会」の人たちであった。「読む会」の会員ではないが、鶴見俊輔と加藤秀俊は多田を論じるときつねに外せない位置にいる。鶴見と多田は人文研の同僚でもあったし、現代風俗研究会を立ち上げ長く行動を共にした。加藤はわたしにはじめて社会学というものを教えてくれた先生だった。アメリカ留学を終えたばかりだという空気にわたしたちは魅せられ、席取りをしてその講義に熱中した。そういうなつかしいだけではない大切な人が揃っている。

『文学理論の研究』はどの頁もわたしを六〇年代へ引き戻す熱気を帯びているが、多田道太郎から目をはなすわけにはいかない。若い日の多田の代表的な仕事だと思っていたが、驚いたことに、その成果としての論文集に彼はほんの少ししか顔を出していない。第二部「文学的発想の原型」の中の「羞恥と芸術」。しかも作田啓一との共同執筆という形をとっている。

「羞恥と芸術」の構成は、一、罪・恥・羞恥、二、竹久夢二、三、嘉村礒多と太宰治の三章からなる。この論文の二と三を多田が執筆したようだ。しかし、各論はできたが肝心の理論化ができない。そこを作田が「罪・恥・羞恥」として担った。作田はこの年『恥の文化再考』を出して衆目を集めていた、いわゆる人気学者だったから文章にも勢いがある。桑原の右腕的存在であったはずの多田がこの論文集ではほとんど姿を見せない、これはどういうことだろうか。その代わりに存在感を示しているのが橋本峰雄である。

彼は、第五部『大菩薩峠』論を書いている。巻末を占める最も長い論文であって、読みすすむうち、これは先に述べた桑原の「文化三層論」を具体的に展開したものであると分かる。しかも作品論として『大菩薩峠』を分析しながら、この論集の各論文について丁寧な論評をしている。いわば総括論文なのである。本来ならこれは多田の仕事ではないか、それを橋本が担っている。

さらにもう一つのことに気がつく。多田の最晩年の『変身 放火論』については先に何度もふれているが、その核心となっている『大菩薩峠』(第三章)をめぐる考察は、この橋本論文を土台にしてなされている。『大菩薩峠』という小説の第一の発見者は桑原であったと橋本は冒頭に明かしている。桑原は「よくも悪しくも日本的なものと考えるとき、私は『大菩薩峠』を実感する」といっていた。共同研究の班長のもとで、その指揮棒にしたがってこの世界最大の長編である『大菩薩峠』を取りあげるのだと橋本はいう。

中里介山はこの小説を大正二年から昭和十六年まで四十一巻を書き継ぎ、しかも未完である。介山があの戦時下の「文学報国会」に加入しなかった数少ない作家であることはよく知られているから、この果てしない小説にわたしは何度も挑戦した。しかしいまだに読み切れていない。どうしても先に進めなくなる、あまりに無造作に人が殺されるのでいやになるのだ。橋本の論文は非常に行き届いていて、なぜわたしが入っていけないかが少し分かった。橋本の説得力をあらためて実感したが、そのことは本題から逸れてしまうのでふれないでおく。

この橋本論文を読んでわたしははじめて『変身 放火論』の『大菩薩峠』が理解できたのだが、多田はそのことを書いていない。あの共同研究のときから彼の中に胚胎しつづけていたものであることをいわない。分かりにくさはそのあいまいさに起因する。『文学理論の研究』で多田は、各論において作田啓一に支えられ、総論においては橋本峰雄に助けられていた。

この共同研究はこの論集そのものよりも、そこにいたるまでの「雑談のような討論」が凄いのだと聞いていた。「読む会」でもその余熱と余韻が伝わってくることがあった。多士済々の名まえを見れば想像のつくところだが、その討論会の記録があったのである。それは付録本として表題のないまま残っている。一九六〇年から六二年まで、最後は「四〇号」となっている。当時人文研の助手であった山田稔が記録したものであった。貴重な記録なので散逸をおそれてハードカバーで製本、『文学理論の研究』出版時にメンバーのみに配られた非売品。

それによると、一号では桑原の発会の所信表明があり、二号で「桑原理論の検討」を多田道太郎が報告している。出席者は、桑原、多田、上山春平、牧康夫、加藤、山田、作田、杉本、高橋の九名である。徐々に参加者を増やしたようだ。しかし、四〇号までに橋本峰雄は一度も参加していない。記録は六二年までであるが、研究会はその後も続いた。

会報がある時期を前期、ない時期を後期とすれば、橋本が研究会に参加したのは後期ということになる。会報で見ると多田は報告もしているし司会もしている。それにもかかわらず論文集ではまったく影が薄い。ここにどういう事情があったのか、今はもう探りようがない。橋本が多田の苦渋を見かねて手伝ったのか、桑原に依頼されたのか、先の章で述べた「不安神経症」を六〇年代にも引きずっていたのかとも思う。多田がこの共同研究をめぐってこのようなトラウマを抱えていたことをわたしはまったく知らなかった。

半世紀後に多田自身が班長となった共同研究は「ボードレールを読む会」と呼ばれていた。それは前述の「文学理論の研究」とはずいぶんに違う。桑原を頂点とするアカデミック共同体とでもいうべきものとは趣きを異にする。『詩の冥府』のあとがきや帯にあるように、研究会らしくない研究会だった。「連衆の読み筋の手の内を見せあおう、歌仙を巻いたあとの気だるい微笑の雰囲気」を持つ会だった。発足の当初から、多田はあえて「文学理論の会」から身を引きはがすスタイルを試みていたと見える。定年が視野に入るころになって、あのトラウマからの解放を考えていたのか。そうとでも見なければ、『詩の冥府』のスタイルは腑に落ちない。

祇園の長机に寄りかかって思案した三人のうちの大槻鉄男が急逝したことは大きな打撃だった。多田の両脇を杉本と大槻がかためる、それでこその「連衆」だったのである。多田の失意は『注釈』に見ることができる。大槻が訳したボードレール詩「宝石」を前面に掲げて追悼の思いをこめている。「宝石」を例にとってボードレールの「読み筋」ということを説明している。

「本書は『悪の花』に収められた133篇の詩の註釈（論文）から成る。註のほうは、関連する伝記的事実、文学史的前後関係などを扱う。釈のほうは、詩の読みにかかわっている。どういう読み筋で詩を読んだか、解釈の方法の違いによって、一篇の詩はまるで違った相貌をおびる。（略）／私たちの読み筋をあらかじめ提出しておくのは、これが『悪の花』の一つの相貌にすぎないことを、読者に知ってもらうためである。ただし、さまざまの読み手（註釈者）たちが、どのような読み筋にしたがって詩集を解読してきたか、をも併せて紹介したい。私たちは、彼らの説から豊かな示唆を受けてきたし、彼らに教えられつつ、しかし、それとはいくらか違った道筋をも、私たちなりに模索しつづけてきたからである」（「『悪の花』解釈の方法」）

普通なら「読み」とか「読み方」「解釈」「註釈」というところを「読み筋」という。そうすることでこの会を多田は表現したいらしい。イマジネーションを大事にする読み方とでも理解すればいいのか。しかし、イマジネーション抜きに文学作品の読解も解釈もありえない。なぜか「読み筋」などという研究書には馴染まないことばで多田はこの研究会を発足させた。彼が引用した大槻訳の「宝石」を読んでみる。

宝石

いとしい女は裸だった、そして私の心を知って、
響きのよい宝石類しか身につけず、
その豪華な装いは、サラセンの女奴隷が
晴れの日に見せる、勝ち誇った様子を彼女に与えていた。
揺れ動くにつれて鋭い嘲けるような音を放つとき、
この金属と石の輝く世界は

私を恍惚とさせる、そして私は愛する、狂おしいほどに、
音と光の混じりあうものたちを。

さて彼女は横たわり、愛撫に身を委ね、
寝椅子のうえからうれしげに微笑んでいた、
海のように深く優しい私の愛が彼女のほうへ、
断崖へむかうように打ちあげるのに応えて。

眼を私に注ぎつつ、飼い馴らされた虎のように、
あいまいに夢見るように彼女はさまざまな姿態を作るのだった。
するとあどけなさがみだらさに結びついて
つぎつぎとかわる姿に新しい魅力を添えるのであった。

その腕とその脚、その腿《もも》とその腰が、
油のようになめらかに、白鳥のようにうねうねと、

冴えた澄みわたる私の眼のまえをよぎるのだった、
そしてその腹とその乳房、私の葡萄の木に生るこれらの房は、

悪の天使たちよりも甘えて、
私の魂が安んじている安息を乱すために、
そして私の魂を、静かに孤独に坐っている
水晶の岩から落すために、近寄ってくるのであった。

それは新しい素描《デッサン》によって、まだ髯《ひげ》も生えない少年の胸に、
アンティオペーの腰をつないだのを見るようだった、
それほどその胴は骨盤を際立たせていた。
鹿毛《かげ》色で褐色の顔に、紅白粉《べにおしろい》のあざやかさ。

——やがてランプは衰えて消えてゆき、
煖炉だけが寝室を照らしだすと、

煖炉は、燃えあがる溜息をもらすたびに、
この琥珀色の皮膚を血に浸すのだった。

この訳ができあがったとき、大槻はボードレールと一体になっていたのではないかと思う。また、大槻がボードレールの次のようなことば「天使は両性具有で不妊である」を引用するとき、彼自身が頽廃的な空想の持ち主であると告白しているように思われる。恋愛は感覚の問題であるよりは理性のそれであって、美しいものへの讃美であり渇望である。生殖は恋愛の悪習であり、妊娠は蜘蛛の病いである——ほとんど大槻の嘆きのように聞こえる。

もう一人の杉本秀太郎にとってボードレールはどうだったか。『詩の冥府』の論文「エロスの図柄」で告白している。

「一六、七歳から二〇代半ばまで、私の信仰する神々の中心に位置しつづけたのはボードレールという神であった。この神は一つらなりの信仰者をしたがえて私のまえにあらわれた。信仰者とは、ここでは翻訳者のことである。詩集『悪の花』にはすでに六、七種の邦訳が出ていた。私はそういう邦訳者のあとにしたがってボードレールを信仰し、いずれは私もまた絵馬をわが手で奉献したいと思った」

二人のアプローチはとても違う。大槻はボードレールの感性を生きようとした。杉本は多くの信仰者ともいうべき翻訳者の列につらなって正統派の道を歩いてきた。この差異は共同研究の厚みとなったろう。他では経験できない二重唱を読者は聞けただろう。大槻の死がなければ。

多田は、この二人を脇侍としてさらに若い研究者を揃え、美しいポリフォニーを実現しようとしていた。だから、注釈や解釈という平凡なことばを使いたくなかった。「読み筋」という語は杉本の提案ではなかったろうか。石川淳が用いている語だから。杉本が石川淳に傾倒していたことは「読む会」でよく知られていた。

『詩の冥府』収録論文の構成を見る。巻頭に松本勤の「〈冥府〉から」、「冥府」とはわたしには耳慣れないことばだ。多田が序で「地獄に通じる地下の周辺」「多くの死者とともに、暗い辺境で運命の審判を待つ」ところと解釈し表題にもなったが、その序ではそれがボードレールの詩集タイトルであったことは分かりにくい。松本論文ではじめて『悪の花』に先んじて出た一一篇の総題が「冥府」であると知る。初心者には読み始めがむずかしい。西川長夫論文「群衆の発見」は松本とともにボードレールが革命という激動の時代と社会をいかに生き、いかに描いたかを探る。杉本秀太郎の「エロスの図柄」は、ボードレール詩の核心に迫って、これを論文集の中核にと多田は考えたのだろう。いちばん若い班員・竹尾茂樹が「詩の探偵」の題で「小さな老婆たち」。そして巻末のまとめが多田の「香りまで——キッチュとノスタルジー」である。みな「読む会」で同席した人たちで、文章の背後に「読む会」での様々な場面や発言の残響を聞く。

「香りまで」の「まで」とは何か、なかなか分からなかったが、松本論文の「〈冥府〉から」に照応させているらしい。連座における首と尾である。論文集らしからぬ体裁である。そう思って読みかえしていると、全体がきわめて端正な論文的文体であることにあらためて気づく。杉本はエッセイ風に書きだしているものの多田ひとりがくだけたスタイルをとっているのである。序で「ボードレールの芸」の「軽み」をいい「あっけらかんの淡彩の詩の冥府風景」と旗を振る。けれども各論文が探索するボードレールの相貌は「軽み」とも違うし「あっけらかん」などとはとてもいえない。班長だけがチームの枠から外れている。

「文学理論の会」がその名のようにひたすら理論化をめざしたのに対して、多田は

「ボードレールを読む会」を発足時から違うやり方でと目論んだ。「読み筋」という語の使用で述べたように、あるいは「連座」という語が示すように、理論化をあえて排除しようとした。横並びの直感でボードレールを楽しもうとした。「読み筋」という語で文芸的な雰囲気を醸そうとしたのである。どうやら孤独なもくろみに終わったようだ。

多田のもくろみが外れたにもかかわらず、『註釈』と『詩の冥府』は共同研究の成果として立派に残っている。それは人文研にあって多田の助教授だった宇佐美斉に負うところが大きい。彼は『註釈』に「『悪の花』の構成」を『詩の冥府』に「落日——あるいはデカダンスの詩学」を書き、この研究会のともすれば外れそうになる大枠を示した。「読む会」とは無縁だったが、研究会のメンバーの多くが冥界の人となったいま、彼の証言は貴重である。

芥川龍之介の「人生は一行のボードレールに如かない」というアフォリズムを知ったのは中学生のときで、その後はわたしに無縁の詩人だった。だから今になってボードレールに近づこうとしても無理だ。いまさらのにわか勉強もしかたがないとうろうろしていて一つおもしろい発見があった。河盛好蔵の大著『パリの憂愁』の中で母への数々の手紙を知ったことである。ボードレールの物語には父と幼時に死別したこと、その後の母の再婚が長く重くひきずられている。こういう場合母への拒絶を想像しがちだが彼は違う。母へのたくさんの手紙には絶対の信頼が大人のことばでつづられている。詩人仲間の中ではいえない自己主張もあり経済的援助を求める甘やかさも含みながら、一人の男から年長の女への礼儀正しさをそなえている。そして何よりもそれらの手紙はボードレールの内面を知るための貴重な資料となっている。わたしはいままでこういう母への手紙をみたことがない。西川長夫の論文が引用するところを借りる。

「ことのついでに近々帝政が瓦解するものと信じていることを申しあげておきましょう。誰の目にも秘密でないのは皇帝の健康がひどくそこなわれているということです。事の起った場合、憲法にせよ、摂政政治にせよ、しっかりもちこたえられるものとは、誰も思っていない。（中略）しかしオルレアン系皇族たちの復帰をのぞむにしても、あるいは（こう考える者たちは稀ではあるが）帝国憲法が尊重されるであろうと想像するにしても、多くの自由を欲するという点では皆が一致しています。自由をうばわれて以来、あまりにも長くなるのです」

この手紙文を見て宛先が母だと見抜ける人がいるだろうか。文面はボードレールが一八五八年にアカデミーに立候補する決意を報告している。日本の明治維新の十年前のことである。そういう背景を抜きにしても、この正々堂々としたまっすぐな主張が母に宛てて書かれていることにわたしはショックを受けた。

古い雑誌「文芸読本・ボードレール」(河出書房新社・一九七九)に河盛と阿部良雄の対談がある。そこで河盛はボードレールが「お母さんにたかってばかりいた」と苦笑する。ベルレーヌも同じ、あのころのフランスの詩人はみな母に頼っているともいう。日本でも似たようなところがあるといって河上徹太郎、小林秀雄、中島健蔵らの名まえをあげる。この人たちの母子関係が研究の中でどれくらい問題になっているのか知らないが、「ボードレールの母」には通俗のマザコンの概念をはじき飛ばす力がある。

あるとき多田は「文学理論の会」のメンバーがみな長男か一人っ子だといった。いかにも彼らしい着眼だった。「ボードレールを読む会」もまたそれに近いだろう。鶴見俊輔が「自分の書いたものすべては母への言い訳だ」と書いていたのも思い合わされる。ボードレールは、共同研究班の秀才たちひとりひとりに母があることを突然気づかせてくれる。男たちの背後にいる母のイメージはほとんどの場合重い闇の中である。そこに大人の会話もないだろうし母宛ての手紙もないだろう。文献にも残らない。そのことをボードレール評伝がわたしに教えた。

鶴見がいう「いい訳」は、光のあて方を変えると母への求愛、報恩の行為ともいえる。ボードレールの場合も『悪の花』は母に捧げられた「いい訳」、いや最後の花束でもあったと思う。多田が目指した「鬼の饗宴」でこういうことは議論されたのだろうか。

二つの共同研究を再読して思いがけずわたしを襲った感慨は、多田がこうした研究方法に体質的になじめなかったのではないかということだった。もともとの資質か、あるいは研究所や研究集団の中で後天的に形成されたものかは分からない。わたしの推測が外れていなければ、人文科学研究所での共同研究は彼にとってずいぶんしんどいものだったのではないか。いつも賑やかな人々に囲まれていて、楽しんでいるようにしか見えなかったが、再読はいままで思ってもみなかった多田の苦渋を垣間見させた。

「香りは人肌や動物性といった直接性——「今、ここに」を離れることができない。「今、ここに」安住できたなら人はどれほどしあわせであろうか。が、ボードレールには「逃れよう、彼方に」の衝動がつきまとう。「毎分毎分が鉱石だ」（「五五　時計」）とぶきみな時計の神が詩人をせきたて「今」から放逐する。「今、ここに」安らぐことのできぬ苛立ちが詩人を一気に「遥かかなた」「太古」へ連れ去る。連れてゆくのは香りである。香りが「遥かかなた」「遠いむかし」へ人をみちびき、連れ去る」（「香りまで」）

この記述でもわたしは戸惑う。「香り」は「今、ここに」を離れることができないといいながら、末尾では「連れてゆくのは香りである」という。説明がむずかしいが、これはもう、ボードレールの詩から離れた多田の喘ぎと聞こえる。ボードレールの「逃れよう」という詩句に彼は強烈に魅了されてしまっている。この喘ぎは散文としてではなく詩と思って読むべきかもしれない。

そういえば多田は近松門左衛門を論じるときでも「ずり落ちる」イメージをいわずにいられなかった。「逃亡」も「ずり落ち」も解放ではなく転落の感覚である。

「近松の出生については諸説ふんぷん。（略）かなり由緒正しい家柄から浪々の身に転落していったことは、まちがいないようです。自由の身として公家のおそばにもいた青年が、ダダッと転落して、当時いわゆる河原者の中へ入っていくわけです。これは人生落下のイメージです」（『変身 放火論』「曾根崎心中」）

多田は加藤典洋と対談においても「落下」や「ずり落ち」へのあこがれと執着を繰り返していた。共同研究が苦手な多田にとって、それを柱にした人文科学研究所という職場はどういうものであったか。彼はそこからずり落ちたいと願っていたのかもしれない。そうすればどんなに楽であろうと夢想していた。自他ともに認める秀才であったので、そこでの居心地をまるで悠々と楽しんでいるように見せることができたが、いつも「遥かかなた」へ逃れようという苛立ちを抱えていたと読める。現実は詩ではないのだから、一篇の作品を仕上げるようには終わらない。多田道太郎の人生を思うと、「人生は一行のボードレールに如かない」が反転して眺められる。

四章　『複製芸術論』から「風俗学」へ

いちびりの精神

「多田道太郎のいちばんいい仕事は何か」と問われることがある。「いろんなことをしてきた人ですね」という顔だ。『著作集』II巻の「複製のある社会」が本丸だと答えるときがある。いちばんはやはり「複製芸術論」だといったりもする。それでもどこか落ち着かない。なぜか、本丸とか、いちばんとかが多田道太郎の流儀にはまったくそぐわないみたいなのだ。

『著作集』II巻の「解説対談」で「複製芸術論」について、次のやりとりがある。

多田　僕は花田清輝個人を尊敬していたわけではなかったんです。花田のもじり、パロディーへは行かなかった。全然違う角度で、なんか……最終的には「いちびらな、しゃあない」という気分は最初からあったんですね。

加藤　「いちびらな、しゃあない」ってどういう感じですか。

多田　くだけなければしようがないという。『複製芸術論』も若干そういう思いがあってね。最初のほうの発想は確かに、当時としては社会学的にも斬新な思想をつくっているわけですけれども、やっぱり秀才なんですね。そこに突如、同時に変わっていきたいという妙なものが入って。これは出た当時、大岡昇平さんに酷評されました。大学の秀才のレポートに過ぎない、と。

東北人の加藤に「いちびる」が分からない。北陸人間のわたしも同じ。福井には「あばさける」ということばがあって、日本国語大辞典にもでているが、これが「いちびる」や「おちょくる」と違うのは、「あばさける」は子どもの悪ふざけであって、大人になるとそういうことをしないという意味、関西の「ほたえる」に同じか。大人になっても「あばさける」人は一人前ではない。「いちびり」や「おちょくり」はどちらも子ども専用ではないらしい。何年暮らしても関西人になれない。多田道太郎の追っかけでそこがわたしの弱点だ。

文庫版の『複製芸術論』（一九八五）には次のような「まえがき」がある。

「「複製芸術について」という題の、エッセイとも論文ともつかぬものを私が書いたのは、昭和三十三年（一九五八）の冬のことだった。その春、ダンチというところへ引っ越し、新しいスタイルの生活をはじめることになったが、このエッセイを書いたのは、戦前から使い古した勉強机の上であった。もちろん暖房はなく、足あぶり（?）という旧弊のこたつの上に足をのせ、ガタガタ貧乏ぶるいしながら書いた覚えがある。すでにテレビ放送ははじまっていたが、わが家にはまだテレビという御神体はなかった。ベンヤミンの「複製技術時代の芸術」（一九三六年）という独創的な論文のあることなど、夢にも思わなかったし、知りもしなかった。

それから四半世紀が経って、気をつけて見ると、わが家には四台のテレビがあり、三台のヴィデオがあり、数台のラジオ（数える気もしない）がある。テープコーダー、ラジカセも方々にころがっている。複製ということでいうとカメラも何台かある。ほかにコンパクト・ディスクが一台、コピー機械が一台、ワープロが一台ひかえている」

このまえがきを見て驚いた。ベンヤミンにこんな論文があることをわたしはもちろん知らなかったが、それを知らずに多田が「複製芸術」ということばを発見したというのに驚いたのだ。今から考えると、おもしろがらせることにかけては名人の多田道太郎のちょっとした仕掛けがあったのではないか。再読再考してみなければならない。

さて、「複製芸術について」は、一、複製芸術　二、活字と文学　三、写真と映画　四、現実主義、の四部構成である。

一で「複製芸術とはオリジナルのない芸術、ぜんぶが複製である、たとえば映画のような芸術を指す」と定義する。そこに二つ断りがある。「わたしはオリジナル芸術だけを芸術と思っていない。つまり、オリジナルのあることを芸術の必要条件と考えない」。また「芸術の歴史を、主としてメディアの歴史として扱う」。「写真は絵の、映画は絵・演劇などの、レコード（ないし磁気テープ）は音楽・雄弁・語りものなどの複製ないし模写手段であった」。オリジナル芸術だけを芸術としてきた世界への挑戦状のごとき意気込みである。

二「活字と文学」では、マスプロが人間をマス化し、マス・メディアが人間を規格化し、個性を奪うという常識に反論する。個性とは、いつ、どのようにつくられたか。読書によって、であるなら読書を可能にしたのは活字の発明、活字本の普及によってである。活字によるコミュニケーションの革命は、宗教改革、産業革命、政治革命の先駆だった。黙読の習慣が近代的自我を確立拡充させた。日刊新聞の発展が、ディケンズやバルザック、スタンダールの誕生を促した。近代社会の成熟から衰退へ、近代小説も役割を終え、時代遅れの体を見せる。（ ）書きでいっている。

（プルーストは『失われた時を求めて』の中で、とくにその後半で、けんめいにバルザック的手法、バルザック的把握をこころみた。しかし、かれの「無意志的回想」をもってしても、現実世界の複雑さには及ばなかった）

現実の複雑化に呼応するように、時代がもう一つの新しい複製芸術へ向かっているのだというのである。

写真・映画の芸術性への新しい認識を提示する。三からが多田の本領発揮である。

「現代芸術の多くが、まるで神秘の糸にたぐられるようにして「抽象」のほうに向かっているとき、（略）ひとり「現実」に執着し、その再現、「写実」に仕えているのが写真と映画とである。こんにち、写真、映画の芸術性が問題になると、新興芸術のパルチザンは必ずその鋭利な記録性に言及するが、記録性とは、現実を忠実に再現しうること、つまり「写実主義」的機能においてすぐれていることにほかならない」

文章も流暢になってゆく。

「十七世紀のオランダ画家たちは、肉眼だけにたよって、じつに精妙な写実的絵画を生みだしていた。（略）ルネサンス以後の画家は、人間の眼は一個のレンズであることを発見したのだ」

「心の図式（スキーム）を打ちやぶるのはつねに現実である。スキームでは間にあわない現実が現われて、それではじめて意識を現実に「適応」させる。旧《ふる》い「現実」は新しい「現実」にとってかわられる（したがって現実主義の現実とはけっして一義的なものではない）」

二十世紀に入ってカメラ機能の飛躍的な発展は、報道写真への需要とともにきわだってくる。それを⑴、事実の記録　⑵、視点の自由　⑶、視角の自由　⑷、運動の表現、としてまとめる。箇条書きがふえる。ていねいに説明するのに文章がもどかしい、というよりも自分の発想にことばがついていかないかのようだ。やや面倒くさくなってもいる。

映画の歴史について、われわれは生きた目撃者であるという。映画の表現力を、カッティングモンタージュとカメラワークの二点について考える。エイゼンシュタイン、プドフキン、ボラージュ、エプスタン、フラハティ、今村太平などの映画製作者が名まえを並べる。作品では、「大列車強盗」「紅葉狩」「喜びも悲しみも幾歳月」「道」「波止場」「夜の河」「真昼の暗黒」「どん底」「最前線」があげられている。

そして「絵画の一道具、また模倣手段にすぎなかった写真。演劇の複製、または見世物にすぎなかった映画」がさまざまな表現手段を派生させ養い育てたという。このあたり、「日本映画を見る会」の成果を十分に発揮する。人文科学研究所のメンバーが中心だったその会は五五年から活発になっていた。「日本小説を読む会」はその支流ともいえる。

最後の四は「現実主義」と題している。

「わたしはいわゆる現実主義の信奉者ではない」とまずことわってから、「いわゆる現実主義」者ではないが、「現実」と真正面から向き合う心意気をもっている。「現実」とは何かが問題なのである、という。これが多田道太郎の原点である。

「芸術家のとりくむべき現実とは、もっと混沌、もっと支離滅裂、もっと——一口にいえば意外なものだと思うのだ。何十年のちには核融合によって想像もつかぬエネルギー源を得、夢のような生活ができるかもしれないが、同時にたとい全面戦争にならなくても何十年のち、放射能によって畸形人の絶望にみちた地獄絵が出現するかもしれない」

多田は、やがて日本を席巻する高度成長期を予感している。そういう時代の芸術を考えようとしている。しかし、整然と語られるわけではない。例によってあちらに、こちらに、話が飛ぶ。まとめると次のようになるであろうか。

現実とは、人、集団で構成される社会である。現実主義芸術の仕事は、まず、心のスキームを破ることである。現状打破から超現実と出くわす。それをあつかうのが抽象主義芸術。現実主義芸術はそれと向き合わねばならない。抽象主義は人間の自由な遊びの代表、現実主義芸術は現実への適応の努力である。この運動の往復の中で大衆が育つ。この大衆こそ、芸術の享受者である。資本主義はそこへ目を向ける。儲かる芸術を見逃すわけはない。やがて政治と資本とが芸術の規格化という圧迫を加えてくる。

「規格化ということは、複製芸術の基本的要請である。規格化されないものが、どうして大量伝達されるだろうか。（略）万人がオリジナルをもちうるのである。（略）全世界の大衆がおなじオリジナルを鑑賞しうるということは、全世界の大衆がおなじ資格で芸術の批判者たりうることを意味する」

多田はこの要旨のまわりに多彩な実例を織り込む。いかにも若々しい。オリジナルのない複製芸術の時代がすぐそこに来ていること、それが新しい芸術の未来だと確信している。

「複製芸術について」を長々しく説明をしてきたのは、二〇二一年の今になってはじめて分かることがあるからだ。多田の着眼はすごい。大岡昇平が「秀才大学生のレポート」と批判したそうだ。分析の鋭さ、正確さがその当時はなかなか分かってもらえなかったと、『著作集』を出したときの多田は抗弁している。自分の予見の矢は今という時代を射抜いている、現代の文化状況が論旨の射程の中にとらえられていると、若い加藤に向かって自負している。

わたしには「秀才のレポート」という大岡の批評も的を射ていると思われる。発見しつつあるテーマ、つかんだばかりの若々しさがあるテーマだ。だから、結構てこずってもいる。それに文章が性急すぎる。箇条書きで処理できる問題ではないだろうと、年長者として大岡はいいたかったのではないか。

このまじめな論文のどこが「いちびらな、しゃあない」であろうか。なぜ、いちびらないとやっていられないのか。そこにベンヤミンの存在がある。

『ベンヤミンの生涯』(野村修・平凡社選書・一九七七)は、わたしに忘れがたい一冊で、ベンヤミンについての知識はそこから得ている。ベンヤミンの「複製技術時代の芸術」は一九三三年に書かれ、一九三六年にフランス語に翻訳された。日本で読まれるようになったのは一九六〇年、多田はその二年前に「複製芸術について」を書いた。二十年の時間差は複製技術の進歩の歴史でもあった。フランスに亡命しているドイツの哲学者と、日本の多田道太郎がその時間差の中で、同時に同じことばを使ったということだ。

『ベンヤミンの生涯』でとくに忘れがたいのは最後に「補」としておかれた追悼文である。「収容所のベンヤミン——一九三九年九月~一一月」「境を越える——一九四〇年九月二六日」「ポル・ボウにて——三分の一世紀ののちに」。ドイツ生まれのユダヤ人であったベンヤミンの生涯の最後を象徴する場所と時が示される。ナチスのフランス侵攻でパリにいた彼は収容される。亡命先を求めて国境を越える。ようやくスペインに逃れた地がポル・ボウである。そこが終焉の地となった。絶望の果てに自死した。四十三歳。

そういう生涯だったからベンヤミンのテキストは多くが散逸した。しかし、『ベンヤミン選集』としてパリで出版（一九五五）。七二年には『ベンヤミン全著作集』が出る。いわゆるベンヤミンブームというのがフランス、ヨーロッパだけでなく何度も起きる。日本でも著作集やコレクションが出版された。

多田道太郎の名まえをわたしがはじめて知ったのは、ルフェーブルの『美学入門』の訳者としてであった。それが一九五五年。そういう仕事、しかも最初の本格的な翻訳をした人がパリでのベンヤミンのよみがえりを知らなかったという。ベンヤミンはボードレールやプルーストのドイツ語訳をした。ボードレールの専門家である多田が「複製技術時代の芸術」を知らなかったか。わたしの疑問は、このルフェーブル体験にしばられている。

「複製芸術」という概念を手に入れたとき、というより、多田の頭の中にひらりと、そのことばがひらめいたとき、ベンヤミンに無関係だったかもしれない。そこに嘘はないだろうけれども、少なくとも六〇年には「複製技術時代の芸術」を知っている。「非常によく読まれた」と多木浩二は『複製技術時代の芸術作品 精読』（岩波現代文庫）に書いている。その頭と尻尾をくっつけた「複製芸術」ということばの妙味を多田は楽しんだのではないか。しかも、知らずに思いついたということに。

少しベンヤミンの文章を引用して、二人の同質性をみたい。

「芸術作品の技術的な複製可能性は、芸術への大衆の関係を変える。たとえばピカソの絵に対する関係は実に後進的なのに、チャップリンの映画に相対するとなると、その関係はじつに進歩的なものに急変する」

「昔から芸術のもっとも重要な課題のひとつは、新しい需要を――これを完全に満足させる時期がまだ来ていないような需要を――作り出すことだった」

「大衆が母体となって、現在、芸術作品にたいする従来の態度のいっさいは、新しく生まれ変わっている。量が質に転化している。関与する大衆の数がきわめて増大したことが、関与の在りかたを変化させてしまった」（野村修編訳『ボードレール』・岩波文庫）

多田の「複製芸術について」が、ベンヤミンの示した方向で発想されているのが分かる。芸術と大衆との関係、芸術の需要の問題など、二十年前にフランスで投げられたボールは日本でも未来に向けて投げられていたということなのだ。

しかし、「知らなかった」といい切るところに多田道太郎の流儀がある。いちびりの精神は、「複製芸術について」という論考の中にあるのではない。「そんな独創的な論文があることなど夢にも知らなかった」という対処のしかたにある。いちびりは関西特有の批評精神である。鋭くないとだめだが、攻撃性がないのが特徴である。いちびりは自分を笑い相手を楽しませる。読者はくすぐられる。ベンヤミンのパクリではないかという非難が出てくるのを彼は待っている。そうなったらおもしろいと思っている。そこで思い出す文章がある。「帰れ　未来へ」（一九九〇）は雑誌「中央公論文芸特集」に書いたものだ。（『著作集』Ⅱに収録）

その中にこんな話が出てくる。若き日の多田道太郎がフランスで体験したこと。片田舎で強盗に襲われる。翌日、フランスの地方紙に「日本の教授はもっとジュードーを知っているべきだった」とデカデカと書かれた。老年になって沖縄からカラテ・サミットに講演をしてほしいと依頼されるのは、昔のパリでの災難と関係があるのか――不意に、暗闇の穴が語り手の中に生じる。次の引用は、その暗闇の穴の中でのつぶやきである。

「いつからこんな人格になったのだろう。こんな――というのはたとえばこういうことである。ゴーゴリに『検察官』という芝居がある。（略）ニセの検察官がある町に入る。ホンモノの検察官と間違われ上へも下へもおかぬもてなしをうける。ニセモノが悠然と立ち去ったのち、ホンモノが現れ上を下への大騒ぎ。——べつにみずから偽わった覚えはない。だのに世間が勝手にホンモノと思いこむ。オレが悪いわけじゃない。世間のニーズが悪いのだ。いや、オレも悪いのかな。「しぐさ」について喋ってくれと言われるとそれらしい気分になってしまう。「遊び」について御高説を、と言われると専門家らしい体裁になってしまう。オレは一生ニセ検察官のように薄い氷の上を這うてきたみたいだ」

ニセ検察官のエピソードを多田は気に入っていたようで、何度も使っている。複製とはまず世間では、ニセモノのことであった。しかし、多田はホンモノの存在がニセモノをニセモノたらしめると考える。ホンモノが存在しない世界ではニセモノはニセモノではないのである。世間はニセモノをもとめている、日本人のニセモノ好きを観察すれば一目瞭然である。「そっくりさん」はテレビで大人気だ。その「世間のニーズ」という奇妙なものを彼の受信機はキャッチする。そして、彼自身が大衆の求めに応じて融通無碍に変容することになる。「オレが悪いわけじゃない」「いや、オレも悪いのかな」とつぶやきながら薄い氷の上を這うように生きてきた。

多田はこの「中央公論文芸特集」で私小説を試みたのだ。初めてで最後の私小説は成功しているとは思えない。


さて、久しぶりに『美学入門』を開いてみると、まず野間宏の「本書に寄せて」が目に飛び込んできた。すっかり忘れていた。野間の大上段の挨拶、いわく「ルフェーブルは新しい時代の芸術について最後にのべているが、それはおどろくほど自由な生き生きした芸術創造の姿である。「その物質的自然を、あるがままに見ている」ところから生みだされる芸術のかがやかしい光を、私たちはいま日本のなかに、この民族解放と平和のたたかいをおしすすめている日本のたたかいのなかにも、すでにまぶしいまでに感じることができるではないか」。まるで共産党からのメッセージのようだ。

このころの野間宏の存在を知らない人に説明するのはむずかしいが、たとえば『真空地帯』の翻訳が相つぐ作家だった。フランス語、オランダ語への訳が五四年、英語訳が五六年、中国語訳が五九年。まさに世界の野間宏であった。

一方、多田の著作を見ると、再びルフェーブルの名を見ることはない。ルフェーブルや野間宏から身を引き離すのに頑張ったのが、多田の一九五〇年代ではないかと考えられる。その方法は、いちびることによってしか叶わないと直感した。そうして複製・ニセモノという概念を手に入れた。正統派の道すじから身を転じたのである。それはエネルギーを要することだった。たとえば『美学入門』の中の次のような部分を見ただけでも想像できる。

「われわれの時代は――社会主義を建設するプロレタリア階級の勝利、弁証法的唯物論の勝利、科学的認識の勝利、自然と人間性に対する人間の支配の勝利を目撃しているこの時代は――物質的自然を、エンゲルスのすばらしい表現によれば、あるがままに見ている。あるがままにとは、人間が自然を変革することでそれを発見し、それを認識することで変革するというふうに、とのことだ。仲介物、幻想、解釈は姿をけした。あるがままに。すなわち無限ではあるが威圧的でない――まったく敵対的でもなければまったく慈悲的でもない――自然。人間とむすびついて自然。人間はそのなかに根をおろし、それでもやはりそれと戦うことによってのみ生きるのである。

あるがまま。しかしどうあるのか、示すのはナマやさしくない！」

これを読んだときの感激をもって、わたしは多田と出会ったのである。「唯一の正しい世界観」に向かって進む者になろうとして、これを教科書にしようとしていた。この流麗な翻訳物とも思えない文章は、わたしを広い世界へ連れ出してくれるはずだと思っていた。

野間宏もルフェーブルも戦後左翼運動の王道を行く人である。ベンヤミンも共産党に入党することこそなかったが、正統派左翼であって「複製技術時代の芸術」の「芸術」は大文字の芸術。一方の多田はそういうホンモノを問題にしようとはまったく思っていない。

オリジナルのない「複製芸術」こそが多田のオリジナルである。「ベンヤミンを知らなかった」は、ひとすじなわではいかない多田流のいちびり方だ。わたしの納得はさしあたっての結論へゆきつく。

多田道太郎の本丸はやはり「複製芸術論」である。彼は「複製芸術」を論じることよりも自ら複製芸術たらんとした。すなわちニセモノになろうとした。「ベンヤミンの「複製技術時代の芸術」（一九三六）という独創的な論文のあることなど、夢にも思わなかったし、知りもしなかった」。ベンヤミンは後から来たホンモノである。ニセモノは去らねばならない。その後ろ姿を支えるのはいちびりの精神。

さて、その行く先は、大衆のニーズである。そのニーズにこたえて『しぐさの日本文化』（一九七二）がうまれ、『遊びと日本人』（一九七四）がうまれる。『ことわざの風景』（一九八〇）もまた。

「わが家にはまだテレビという御神体もなかった」と多田が書いたのは一九五八年のことだ。しかしわたしは見つけた。多田家のテレビは五七年のクリスマスに購入されている。『私の敵が見えてきた』（多田謠子追悼集・編集工房ノア・一九八七）の年譜に出ている。だから当時はテレビに夢中になっていたはずだが、「まだテレビがなかった」ことにした。多田流のいちびりである。

人の観察──『しぐさの日本文化』

「私は物ぐさである」と書くほどに、現実に多田が「物ぐさ」ぶりを発揮していることはあっただろうか。

ある日の「読む会」で、多田はおしゃれなシャツを着こんできてみんなにはやし立てられていた。親しくなったデザイナーがコーディネートしたものだとまんざらでもなさそうだったが、傍で話しているうちにシャツの袖口から白いものが出ているのに気がついた。

「それもデザインですか」

「めんどうだから寝間着の上に着て来たんや」

それが「物ぐさ道草」ぶりなのだった。どこかにその写真があったはずである。

「読む会」では新年会のとき集合写真を撮ってきた。たまった写真を探してみるが、さすがに袖口までは判明しない。パイプをくわえて斜に構えたものがある、たぶん四十歳代である。また、背広姿ばかりの男たちの中で、多田がひとり異装のいでたちのもある。裏に「多田先生コムデギャルソンの服」とメモがある。つばの広い帽子をつけて床の間の前の集合写真では中央におさまっている。中央に坐るのは老年になってからだった。そういうとき、靴下が左右ちがっていたりする。

「気がついていたが、めんどくそうて」

みんないい笑顔で写った。

『著作集』Ⅲ巻の対談で加藤典洋に向かっていっている。

「アカデミスム、フランス文学、もう一つ、思想の科学研究会、この三つが異質なものとして僕を教育してくれましたね。だから、そのためのこわばりがその後、特に僕の二十歳台、三十歳台にはかなり強く出ているんです。でも、それはそれなりに僕としては愛着がある」

アカデミスムやフランス文学、「思想の科学」と葛藤するときの多田の身構え、それが「物ぐさ」というスタイルだったのであろうと、再読しながら予測を立てた。加藤に対してしてしきりに繰り返す「こわばり」なども当時のわたしに理解できるようなものではなかったが、通読してみると、こわばりの時代からの解放を感じさせるものがある。それが『しぐさの日本文化』だった。あの文体の愉快な空気は解放感の表れのように見える。彼の著作の中ではいちばん広く読まれた。教材としてよく使われたらしいし、文庫本にもなった。ためしに店頭で探したら、いちばん新しい講談社学術文庫『しぐさの日本文化』は二〇二一年刷りだった。

これは、一九七〇年十月から翌年の十二月まで「日本経済新聞」に連載されたものだ。四十六歳のときだが貫禄十分である。さまざまな分野におよび、好奇心の縦横無尽さ全開というところだ。まずタイトルの鮮烈さに驚嘆したものである。「しぐさ」という半ば無意識的な身体表現の中に「日本文化」を読みとる。教科書的な歴史とそこからこぼれた世相、目の前の風俗を自由に行き来する思考。「これが文化論というものか」と目からうろこが落ちる、何度も何度も。文化人類学についてもアナール派哲学もわたしは知らなかったのでほんとに新鮮だった。

四十三回の連載の中で「しぐさ」の数は二十種ほど、「あいづち」「握手」「にらめっこ」「はにかみ」「坐る」「しゃがむ」「すり足」などの項目が並ぶ。

七〇年代前半のわたしは子育てと職場で時間をとられて、読書の時間は通勤の電車の中しかなかった。だから連載中の「しぐさの日本文化」を読んでいない。単行本にまとめられたときが初読である。行き帰りの電車の中で一つのパラグラフを読む楽しさ、ひと息に読める軽やかさに夢中になった。引用人物や文献がどんなに多種多様でも、一回ごとに区切りがある快感。また西洋日本を問わず、古典やアカデミックな本以外に、その時々のベストセラーや映画、テレビの話題が混じるのも愉しい。ドキドキもする。その文章はリズム感をもっていて世情と自分の忙しさに連動していた。

いま、半世紀を隔てて『著作集』で再読すると、あの車中読書が『しぐさの日本文化』にはいちばんふさわしい読み方だったのではないかと思う。さらにいえば、新聞連載中の読者がもっともいい読み方をしていたのだろう。多くは通勤電車の人たちだ。わたしはハードカバーの単行本だったが、彼らと状況を同じくして、時間的に少し遅れて読んだのだ。サラリーマンたちの知的な満足と驚嘆を共有していたのだと思う。彼らの一日と同じように、わたしもこの読書から一日が始まっていた。電車の中で読むサイズの文章だった。彼らは会社の同僚や部下たちにちらりと朝の読書から得た知識を披露したかもしれない。高校教師だったわたしも、十五歳の少女に分かるような話題をここからなんども引き出していた。

人物で見ると日本人が三十名、外国人が十五名。イブ・モンタンに始まりロジェ・カイヨワ、パスカルと続く。多様さは日本人に著しい。上林暁、吉川幸次郎、なだいなだ、横光利一、司馬遼太郎などは新聞コラムに登場しても不思議ではない。しかし同じ連載に東海林太郎、藤山一郎、エノケン、西田佐知子、辺見マリという人々が混じって、同等の存在感を持っている。これがいかにも多田流である。

当時は分かったはずのことがいまはもう分からないもの、人物や売れ筋本、歌やゲームが出てくる。「今は昔」。著者はそのことを自覚している。はやりすたりは世の常だ。ブームで湧いてもやがて反故になって消えてゆく。

「しぐさの日本文化」って何だろうと思った読者に「ものまね」から話を始める。あのころテレビ番組に「そっくりショウ」的なものが多かった。視聴率も高かっただろう。うちでも、子どもと年寄り両方が喜んでいた。著者は居間でくつろぐ人々の目線で語り始める。

連載の第一回目を見よう。

売れっ子の学者は女性編集者と夜のクラブにお出かけである。ホステスが編集者の女性を「京マチ子に似ている」とほめる。傍らの多田を「杉狂児に似ている」。「京マチ子に似ている」は女性編集者への何よりのサービスだが、多田の方はどうか。ホステスさんたちはえらい先生をからかっているつもりだが、「うちの女房にゃひげがある」と歌う杉狂児を彼は好ましく思っている。だから二人ともいい気分だ。酒がすすんだであろう。これが一九七〇年というにぎやかな時代の幕開けだった。時代と多田は共鳴している。読者を「フムフム」とうなずかせ「フフフ」と苦笑させる。

読者の感想は、テレビの居間から夜の歓楽街へすいすいと移動して「似ている」って何だろうと考えはじめる。そこで急に学者の顔になって次のように説くのである。

「ここには「独創」と「模倣」ということについての根ぶかい思想、感情がひそんでいるように思われる。／第一に、他人と似ていることは、それ自体良いことなのである。第二に、他人に似せようと努力することは、それ自体良いことなのである」

むずかしい文化論と思っていたが、面白いと膝を打ち、読者は知的高揚を覚えただろう。

おもむろにロジェ・カイヨワの『遊びと人間』を紹介し解説する。彼はその翻訳者なのだ。それを知らない人も、カイヨワが当時来日したことをテレビか新聞で知っている。ガマガエルのような表情を思い浮かべ、あの哲学者が「計算の社会」と「混沌の社会」という区別を示したのかとサラリーマンたちはわが身を振り返る。彼らこそ「計算」と「混沌」の中を疾走しているのだから、「自分たちのことではないか」と納得したにちがいない。

笑ってばかりではない。多田は上林暁という、あまり知られていない私小説作家のことに話題を転じる。上林暁は、目の不自由な妻とのつつましい身辺を書く作家である。ある停電の夜、暗闇の中で目が見えない妻の日常を実感する。その一文が引用されて「みごとな文章である」「似ているのではなくして、しいて似せるところに、深い共感がうまれる」。読者は、思いがけなく私小説の本義を学ぶわけだ。慌ただしい通勤電車の中で、また一つ新しい知識を手に入れ、同時に人間存在の奥深い意味にふれた気持ちになる。

どれが高くて、どれが低いか、ではない。表面に出ているものと奥に潜んでいるもの、あるいは大文字で書かれていることとささやかれること、そして何よりも自分の中の些末なこと、あまり表でいわないことを読者に気付かせる。ことばではない身体表現、しぐさの中にそういうものを列挙して見せる。横ならびに並べて読者を思索の世界へみちびいてゆく。高みからの価値判断はしない。

冒頭にこの「ものまね」を置いたのは『しぐさの日本文化』が成功したもとだった。多田のペンはなめらかで、「ものまね」の項は三回も続く。IIでは人がいつのまにか父親の振舞いに似てくること、無意識に母親の物腰を真似ていることを語りしんみりさせる。

「人はいわば育ちをのがれられないのである。それとおなじく、一国の文化も育ちに似た無意識の部分をもち、これからのがれることはむずかしい。これをかりに、文化の中の身振り的部分、あるいはしぐさ的部分とよぶならば、この部分は、個人の育ちと同じく、模倣により成りたった部分である」

Ⅲになると考察はいちだんと進む。「文化とは写され、移され、そのことで根づく何ものかである。いや、その過程そのものが文化であると言ってもいい」として、イザヤ・ベンダサンの『日本人とユダヤ人』を引用。これは当時大ベスト・セラーだった。隣がカラーテレビを買ったからわが家も、あの人が家族旅行をしたからうちも、というブーム現象があった。隣が田植えをしたから、隣が稲刈りをしたからというのは「キャンペーン型稲作」の特徴だ。こういうベンダサンの説を披露しておいて、おもむろに「隣り（模範）を選び、その通りにやるのは立派な一つの自主性」だと読者を励ますのである。

「「付和雷同」が「自主性」であるとは、私たちにとって都合のいい逆説である。だが、ちょっとここで判断を保留しよう。付和雷同から生ずる画一性が、一文明を安定させる枠組みとなりうることをみとめつつも、「ものまね」と「創造」とのあいだで、しばらく思索の足ぶみをしてみようではないか」

この「ものまね」論は『しぐさの日本文化』のみごとなまえがきとなっている。

わたしがいちばん好きなのは「はにかみ」から「笑い」「微笑」へ続くところだ。「読む会」は別名「笑う会」ともいった。だから多田の「笑い」をめぐる考察は、他の追随を許さない、などと大げさにいってみたい気がする。

まず柳田国男の昭和初期の社会観察から話がはじまる。東京人の眼が怖くなった。怖い眼は男文化、「殿様」「代官さま」など権力者の表情である。これに対して恥じらい、はにかみという「女らしさ」文化は、見られる存在によるささやかな抵抗と自由だった。「眼をそらす」「伏し目がち」は日本の庶民の対面形式である。都市化が進み、人の交際が広がるにつれて西洋化、すなわち正面対話的な態度が奨励される。「親子の間でさえ対話が奨励される」といって「でさえ」を強調し、親子関係の都市化近代化を憂えている。

「笑い」の項でも柳田の引用は続く。神は気むずかしい、神を和ませるためにアメノウズメ姫は踊ったのである。「笑っていると元気がつき、活気がでてくる」のである。「私たちは何とか人を傷つけず、傷つけられず、大イニ笑エル機会を待ち望んでいる」。ほぼ、柳田と対話するように論を進める。結びは次のようである。

「笑いは性、および生そのものと深くかかわっている。（略）人が笑おうとするとき、その笑いの方向性は彼のもつ生の意味に深くつきささっている。もし人が美しい笑い、大らかな笑いを笑いえたなら、その人の生は、美しく、大らかなものであろう。しかし、笑おうとする意志と、笑いが目ざす生そのものとの間に亀裂のあるとき、笑いは奇妙にこわばったものになる。三島由紀夫の高笑いにはどこか不自然なものがあったという指摘をみたとき、私は卜胸をつかれたのであった」

三島由紀夫の死はこの前年（一九七〇）の十一月二十五日だった。新聞というメディアの時事的機能を多田は存分に活用している。

次の「微笑」は、ラフカディオ・ハーンの観察を入り口にする。ハーンは着物姿の若い娘が笑うとき袂で口元をおおう様子に「日本人」を感じている。また、長年使っている下男の笑いについての観察から一つの解釈を示す。彼はよく笑うが、一人でくつろいでいるとき怖い顔になっている。咳ばらいをして主人の存在を示すと急にまた笑顔になる。ハーンは、これはお世辞笑いや欺瞞ではなく自己抑制の笑いであると考える。日本人から見たら何ということもない風景であるが、多田はまた柳田の説を引用する。微笑は「笑う人に向っての一種の会釈である」

そして哲学的にいうのである。笑いという大変むずかしいテーマをめぐってはハーンや柳田だけではない研究があるが、「微笑」となると「社会心理学的——それもきわめて微妙な——解釈を必要とするむつかしい現象だ」と、その深遠さを述べる。

「会釈としての微笑、これは外国人に理解される。しかし自制としての微笑、これは時にひとを感動させ、ときにひとをまどわせる。しかも、私たちは、自制としての微笑から、さらに内に屈折し、複雑化した「微苦笑」の笑いに移ってきた」

多田の思い出を「読む会」でのさまざまな場面で探すとき、「微苦笑」はしばしば出くわす表情である。彼の個性を表現する特徴の一つだった。愉快なのか、困っているのか、嫌がっているのか分からない笑い。

最後は「微」から「小」について。「小股の切れあがった」「小手をかざすの「小」

は抑制の美であるが、そういうことばが今はすたれてきた。「小生意気」とか「小ざかしい」とか悪い意味で残っている。「これは文化としては後退現象」であると、またしても幾分ペシミスティックだ。

忙しかった当時にはありがたかった文章の短さであるが、再読のいまは物足りなさを感じることが多かった。しかし、この「はにかみ」「笑い」「微笑」は『しぐさの日本文化』の軽快さ、味わい、楽しさをいちばん表しているように思う。

この仕事は、多田が七〇年代という時代の変化や特性に対していかにいちはやい反応をしていたかを語っている。高度成長期に入って日本が日に日に変わってゆくのを好奇心全開で見ている。柳田国男が『明治大正史　世相篇』で日本文化の変化を考えた方法を半世紀ずらして用いている。日本の生活全体が大きく転換するのを目のあたりにしている姿が見える。その上に、新聞というメディアで発信するのにいちばん適したスタイルを見つけた。スピード感のある文体を手に入れた。そこに「こわばり」からの解放をわたしは感じる。

『しぐさの日本文化』がわたしにとって忘れがたいのはそういう先進性や学問性においてだけではない。連載の終わり近いところに「あくび」という一項がある。それはこう始まる。

「むかしKという友人がいた。彼は人前で大あくびをするので有名である。私としゃべっていても、大あくびをする。私は腹が立つよりもむしろ奇異に思い、それ以来、あくびという現象に興味を持つようになった／私は率直にKに聞いてみた。たとえば前夜ねむれなかったのか、たとえば私の話が退屈なのか。Kは言下に否定した。彼はくたびれてもいないし、かならずしも退屈してもいないのである。しかも、この人物、なかなかの俊鋭であって、神経はきわめてこまかい。それでは、いったい、どういうわけで彼はあくびを連発するのか。私の疑問はふかまるばかりである」

このKとはわたしの夫である。「むかし」というのはフィクションで、当時の現在進行形の話。わたしもそのあくびに驚いたのだった。「どうしたの？」と聞かずにはいられない代物だった。はかばかしい答えはない。結婚する前だったからかなり深刻な問題である。「変な人であることはまちがいない。これは危険な賭けかもしれない」

Kには他にも奇異なところがあったので、あくびのことだけではなく多田に相談した。「これは止めた方がいいと思う」という返事だった。その助言をよく覚えているが、それでもなお結婚に踏み切ったのはなぜか、今となってはすっかり忘れている。あくびに関する思索で多田はフランスの哲学者アランと柳田を紹介する。あくびの不思議をめぐっての思いがけない議論だが、先の「笑い」に比して集中力を欠く。「むかしKという友人が」という話で、とりとめがないが気になるという調子なのだ。だから、通勤電車の読者は小さなあくびをしてこのあたりで降りたかもしれない。

そういえばKのあの「大あくび」をわたしはすっかり忘れていたが、Kはその後あの奇怪なあくびをしなくなったのである。そして半世紀後の老爺はときに小さなあくびをするが、昔の異様さはない。あの文章の中にだけ残っている。

「あくびは肉体的反応というだけではない。なにかふしぎな、無意識的反応現象であって、昔の人が、あくびには神がやどるというふうに考えていたのは、根拠のないことではない」

「根拠のないことではない」といいながら、その根拠の探査にもの足りなさがある。

『しぐさの日本文化』の魅力は観察力に尽きる。「人の癖を観察するのが私の癖である」と自認する癖が十分に発揮されたものだ。それを文章に表現し、ついでに蘊蓄を傾ける。できるだけ何気ないもの、些事として見落とされているものほどおもしろい。知的な、アカデミックな蘊蓄との落差がユーモアをかもすからで、わたしが「あくび」にひきつけられるのはあながち私的事情からだけではなく、その自在さと落差の妙とでもいいたい雰囲気に対してなのだ。

ラフカディオ・ハーンをはじめカイヨワやアランという人たち、外からの視線が日本文化の輪郭を照らしだす。今はめずらしくないが当時はこんなくっきりした比較文化論を見たことがなかった。専門家向きの論文ではなく、大衆に開かれた文化論である。日本人のものでは柳田国男の引用が多すぎるという人もいるかもしれない。そして柳田のように「民俗学」の体系化を志している気概は見えないという人もいただろう。ずらずらと並べてそのままにしておく、まとめないで放置する。いわば散乱状態の文化論だから。それは弱点だろうか。読者が知識の引き出しにばらばらと入れて置けばいいという強みかもしれない。いつか話題の一つになって役に立つかと読者を励ましたかもしれないのである。したがって、緊張、こわばりから読者をも解放する。

それにしても「しぐさ」って何だろう。それは最後の「むすび」で示される。

「しぐさ、身振り、姿勢――それらは、けっきょく、人間関係をととのえるための、精神・身体的表現であり、そういったものが、ある社会的まとまりをもつと、私たちは、いかにも日本人らしいとか、いかにもアメリカ人らしいといった印象をうける。文化の型の刻印がそこにしるされているように思うのだ」

『しぐさの日本文化』と銘打ったのである。「文化の型」というのなら羅列に終わらずに、並べ替え、積み直し、比較して体系化する方に向かうべきだし、整理が必要である。「物ぐさ」氏はそれをしない。すべてを相対化するだけで、後はみなそれぞれでやってくれといわんばかりだ。読者を迷わせ、疑わせ、書き手は逃げる。「物ぐさ」はいってみれば「逃げ」のスタイルといえるのではないだろうか。

『しぐさの日本文化』の文体は、ものごとを並べて軽く評論するのに合っている。「軽口文体」とでもいいたい面がある。「軽口をたたく」の軽口ではない。近世の咄本の文体、『江戸の想像力』（田中優子）に「短くて落ちがはっきりしていて、さばさばと一直線に進んでゆく。こういうのを元禄時代の上方では「軽口」と呼んだ」とある、そのスタイルである。先に「車中読書向きの文章」といったのはこれであった。

『しぐさの日本文化』は評判だった。多田は気をよくしてこれに続けて『ことわざの風景』(一九八〇)を書いたが、こちらのくだけ方がわたしは好きでない。これを「軽口」と悪評する人がいてもしかたがないと思う。

わたしが「生活史」や「社会史」ということばを知ったのは八〇年代に入ってからである。『しぐさの日本文化』は時代の先駆けだったが、観察ノートで終わっている。観察を積み重ねて整理をする、あるいは体系化するには事例が少なすぎる。そして積み重ねる根気がないことは『複製芸術論』に似ている。終わりの方でもう力が抜けている。

アカデミスムや共同研究に対する抵抗をエネルギーにしていることは明らかだが、「物ぐさ」反逆児はいつも寝ころんでいる。熱中は長続きしない、すぐに次の興味に移る。そして次の、人と人をつなぐもの、あるいはつなぐ人、また人と人をつなぐ時間的空間的へだたりの作用をおもしろがる。そのへだたりが逆につながりを作るという感覚や世界を夢見ている。こうして多田は長い「こわばり」の時代から解き放たれたとわたしは読んだ。

先に『複製芸術論』が多田学の本丸だといったが、あれは一ノ丸と訂正した方がいいようだ。『しぐさの日本文化』が二の丸といえるだろう。それにしては、この二つはきちんとつながっていない。あるいは、つなぐ形で書かれていない。もっと分かりよく統合されていたら、戦後日本のみごとな「社会史　世相篇」となっていたのではないか。わたしの夢想は身びいきがすぎるといわれるかもしれない。

風俗の観察——「複製人類学」

『しぐさの日本文化』からようやく「現代風俗学」へたどりついた気分である。多田の「風俗学」にわたしはあまり素直でなかった。彼が「現代風俗研究会」（以下、「現風研」）を立ち上げたころ「日本小説を読む会」から離れていったからである。そして一度も誘われなかった。置き去りにされたものの目で「現風研」を眺めていた。だから『著作集』V巻に向かうとき、やや気持ちが萎える。このV巻の表紙は女の大胆なヌードが極彩色で全面を飾っている。それも気おくれの一因であったが、今度『しぐさの日本文化』の続きとして読むととてもすんなりと入ってきた。というよりも、『しぐさの日本文化』からの自然な発展だったのだと分かる。僻みというのは、何についてもほんとに生産的ではないらしい。

『しぐさの日本文化』の背後にわたしはいつも柳田国男の『明治大正史　世相篇』の気配を感じていた。「泣く」項などはまさに「涕泣史談」の現代版だった。影響を受けたという以上のものである。それは多田の思想の中に血肉化されて一々ここがと指摘できないほどのものである。

そう思っているわたしに多田はおもむろに「風俗学」と「民俗学」の違いから話をはじめる。二つは一続きのものであったのだ。

「風俗」とは何か。風とは上流のならわしであり、俗とは下じものならわしであると思ってきたが風俗の源泉は上流にしかない。風は上からの教化、下がこれにならうのを俗という。これが多田の定義である。下じものならわしを研究するのが「民俗学」である。「風俗学」は上からも下からも自由であるといいたいらしい。

『風俗学　路上の思考』は一九七八年筑摩書房から「ちくまぶっくす11」として刊行された（一九八七年ちくま文庫に）が、『しぐさの日本文化』よりいっそう柳田の「世相篇」を意識して書かれている。構成も似ている。柳田が十五章八十八項目に分けて述べているのに対して多田は一章「そのメッセージ」では二十五項目、二章「ケース・スタディ」では十二項目、長短さまざまである。なぜ明治以後の社会で

「常民」の生活がこんなに貧しく苦しいのかを究明しようとする柳田のペンは静かで重い。モノ・モノ・モノであふれる現代をどうとらえるかという多田の文体はにぎやかで軽やか。民俗学は農村の農業文化を見る。風俗学は都会を見る。前者は恒常という変わりにくい文化を、後者は変化という観点から。そして時に対立し、時に相補って大衆の生活の諸相を観察吟味する。

風俗学のキイワードは「大衆」「変化」「表層」である。俗の俗なるもの、俗の中から湧き上がる風俗の断片、その底に潜む感性の体系、そういうものをさぐりたい。多田の文章はこれまでよりさらに明快である。勢いがあって心地よい。この勢いは、やっと本来の自分のテーマにゆきついたという感じだろうか。彼は「雑談的散歩」と自称して満足げである。

要点をまとめるのはむずかしいテキストだが、わたしは次のようなことを「そのメッセージ」から学んだ。

まず、風俗学の先達、今和次郎（日本）、ジンメル、ベンヤミン（ドイツ）、ヴェブレン、リースマン（アメリカ）を生んだ国に共通するのは工業的適性を持っていること。それと風俗にどんな関係があるか。この三国は清潔好きだということでも共通する。人間は、衛生思想の普及とともに他人との接触を嫌うようになり、匂い、味、接触という「劣等感覚」を極小化しようとする。その上に文明というのは花開く。そうして劣等感覚は社会的に葬られる。文明の原理は明と暗。明るくなれば世界が広がる。一方、極小化された劣等感覚は風俗となって反逆する。感覚的なもの表層的なものがかえって深いものの表現となる。多田が得意な逆説である。

次に、思想の核（コア）こそが重要だ、それが世界を支配するという時代は終わったのであるという。地球の表層を覆う人々が自立をはじめれば、表層こそがコアとなる。「日本に「コア」のないことが、日本——とくに日本文化の希望である」。何という先見性であろうか。

それから教師的になる。風俗学の多元的なテーマを並べて、これから研究に入ろうとする若い人たちに示すのである。そういう人たちとともに「現風研」を運営してきたのだからその求めに応じているのである。彼らへのアドバイス、あるいは示唆、あるいは挑発がある。「たこ焼き」の研究者や「キッチュ文化」の専門家を育てた。多田は有能な教師であった。

先生は呼びかける。皮膚で囲われた自分と表現としての自分を見てみよう。簡単に

「自我」とか「自分」とかいう前に皮膚で覆われた顔を鏡にうつして考えてみよう。新旧文化の葛藤の表現として風俗は立ち現れる、その風俗を探ってみよう。自然も一つだけではない、原生林の自然、南画の風景に似せた自然、人工的に飾られた自然――「複製芸術論」を思い出してくれ。

また、自問もする。「なぜ、表層にこだわるのか」。日本社会で半世紀も生きてくると不思議なもやにつつまれている気配がある。この正体は何か。ひょっとすると風俗というものの中に正体があるんじゃないか。われわれがつかみかねているその正体をそこでつかめるのではないか。先生は本気でまじめである、次のように。

「世界のどこの家庭よりも、私たちの家にはモノ、モノ、モノであふれている。豊かな生活――という意味では必ずしもない。モノの表層に付着した情報が、私の家、あなたの家にあふれているはずである。／めまぐるしい変化の波にあらわれて、十年、二十年、暮らしてきた。この変化、この集積、このごみ、この思い出、この非連続、このはかなさは何であろうか」

「私の話はすべて唐突、突飛という長所を持っている」といささか自虐めいているが、思いがけなくこんなことばに出くわす。「人生は一行のボードレールの詩に如《し》かない。このことばをもじっていえば、ボードレールの全詩集も、ついに一つの街並に如かない、ということもあろう」

わたしが三章の最後に書いたことは当たっていたのである。そして「このあわただしく、はかない生活の流れの中で（略）ミミズのように大地をはいながら、しかも鳥のように大地を見下す視点はないものか。こういう複合した視点づくりのために、私たちは、少なくとも十年間続けて、ある観測できる場所をつくりたい。観測する同志たちの場をつくりたい」――昭和最後の啓蒙家、教育者の面目を見る。

『風俗学』第Ⅱ章は「ケース・スタディ」。「身辺」「部屋」「街頭」「流行」「ことば」「感覚」の分類で十二項目が観察される。柳田が「世相篇」で立てた章に対応するところがいくつもある。「眼に映ずる世相」「食物の個人自由」「家と住心地」「風光の推移」「酒」「恋愛技術の消長」「生活改善の目標」などなど。柳田がこれを書きはじめたのは大正時代の終わりころだった。多田は昭和文化の爛熟が終末へ向かうのを予感しながら考えはじめている。執筆の動機にも共通性がある。柳田は五年ほどの年月をかけてこれを完成させたという。

多田が「現風研」を立ち上げたのは一九七六年、桑原武夫を会長として鶴見俊輔とともに市民に開かれた研究会をめざしたのであった。はた目にもにぎやかな華やかな、女性会員が多い会だったようだ。楽しいアイデア満載の「乗合馬車」を見るようにわたしは遠くから眺めていた。そのころ「乗合馬車の思想」という多田の論文を読んだからだ。河野健二編『フランス・ブルジョア社会の成立』(岩波書店・一九七七)に収録されている。

「乗合馬車の思想」で、多田は十九世紀のパリにあらわれた乗合馬車から社会をみる着想を得た。風俗の風は上流の流儀であり、俗は下流の流儀である。紳士が下品な男と同乗せねばならぬ乗合馬車は「風」と「俗」との新混淆、つまり新風俗だったというのである。欲望実現のために技術を磨き新しい事物を生みだす意思をアニマと呼ぶ。それが新風俗をつくる。そういう図式を「乗合馬車の思想」に書いたが、その構図は、現実の日本の七〇年代の社会にぴったり当てはまる。これを確かめて観察しようとする試みが「現風研」だった。「風俗学」(一九七八)「流行論」(一九八七)「テクノロジーと風俗学」(一九九一)と多田の風俗考察は晩年まで続いた。じつに根気強い仕事だったのである。

加藤との対談(V巻)で多田は最後にいっている。

「アメリカの人類学は都市人類学とか象徴人類学とか、ほかの領域から出てきた概念を借りすぎてるんですよ。だからそれだけ狭くなって、結局は人類学を貧しくしている。もし日本でやるとすれば代用人類学とか、複製人類学とか……。ここで『複製芸術論』の最初のアイデアが生きるわけです」

「複製芸術論」という出発点から突飛と唐突を繰り返し、興味のおもむくままに書きすすめられてきたかに見える著作の数々であった。ようやくここまで読んできて一筋の道につながった。そしてハタと思いあたる。

「管理社会の影 現代における「私」と社会」についてわたしは何も触れてこなかった。この論文は一ばん完成度が高い論文だと思っていたのに、なぜそれに眼がいかなかったか。多田流の「悪文」にふりまわされて、困ったり迷ったりの繰り返しだったが、実はその悪文に魅了されていたのかもしれないのである。完成品についてはわたしがあらためて論じることでないと棚に上げてきたようなのだ。

「管理社会の影」には唐突も突飛も飛躍もない。今まで読んできたものにくらべるととても穏当なスタイルを見せている。拗ねても僻んでもいない正統の論文である。再読してその感想はさらに強くなった。「読む会」でしばしば笑ったものだ、「いい小説についてはいうことがない、ただ、おいしい、うまいとだけ。そして完全に消化してウンコになる」。「管理社会の影」は、忘れたのではなくわたしの中で完全な消化をとげていたらしい。

「管理社会の影」には「現代における「私」と社会」というサブタイトルがついているが、次のような問題提起から始まる。

「こんにち、私たちはどのような「私」を持っているか。「管理社会」の影の部分としてのどのような「私」を共有しているか。それは怨念か、それとも無力感か、それとも、そのように一義には決めつけられない何ものであろうか」

そうして、現代の社会を描きだすのにX・Y・Zという類型的な人物を挙げている。まずは、松本清張の『黒い画集』の中の「証言」という短編小説からXという人物。男は会社とマイホームの二つの生活の場を持っている。会社（公的な場）でそれなりに安定している四十八歳の男は将来的な身の安全を第一に願う小心者である。彼の「私」は家庭で保障されるか、されない。だから秘密の場所に安らぎを求めて女を囲っている。これがXにおける「私」。しかし、「管理社会」はそういう柔らかな温かい後暗さを許さない。彼の「私」は透明な「公」に呑みこまれるという悲劇だ。昭和三十年、四十六歳の清張が描いた日本である。

Yという類型は横尾忠則のテキスト（自伝『未完への脱走』）から拾いあげる。YはXよりも十歳年下。彼は日常性からの脱出を虚構の世界に求めている。彼が熱中するのはホンモノの美女ではない。映画や絵画の中の美女に魅了されている。映画とは現実のコピーである。Yは告白する。「絵に限らず、あらゆる『ものまね』が好きだった。『ものまね』とは『盗む』ことである。私には、もともと犯罪性愛好趣味があるのかも知れない」

多田は我が意を得たりと膝を叩く。横尾への惚れ込みは『著作集』の装幀（人工着色・横尾忠則／装幀・天野祐吉）となって実現し、華麗な色彩の表紙となった。風俗においては、人は自己主張すると同時に他人と同化する。個性を大切にするが流行にも乗りたい。物まねによって、コピーによって、もとのものを超える。そういう現代社会の現象を横尾の主張から読みとるのである。流行は同化と異化の逆方向の働きを繰り返し、その先に新しいスタイルを確立する。それがゆきつくと、もはや街頭は外部ではなく、コピーによって作られた密室ということになる。多田の得意の逆説が花開く。

Ｚは、小松左京のＳＦ短編『ぬすまれた味』から採られた。老人と青年が登場するが、老人は、声はすれども姿は見えない正体不明の人物だ。彼が「なんでもサービス」から一人の青年を雇う。この青年がＺ。雇い主の老人の注文は奇妙である。山海の珍味を食べ、絶世の美女を抱くというものだった。何と老人はＺの味覚を盗み、セックスの快感を盗む。Ｚははじめのうち老人のこうした侵犯をバカにして大いに楽しむ。彼自身の快感が外からの侵犯によって乱されることはないと確信しているからだ。

しかしZはのぞかれ犯されていたのではなかった。彼の頭の中に棲むスーパーZによって操作され、快感のすみずみまで収奪されていたのである。Zは逆襲を試みる。コーヒーに塩や胡椒を入れたり、ビフテキに砂糖をかけたり。女に自分の体をくすぐらせる。すると、老人がのたうち回る。やがて二人ともに発狂する。Zは「なんでもサービス」の特攻精神で意思や肉体、思想を売る気でいたが、感覚だけは譲渡したりできないと信じていた。「感覚が商品になる」とは思ってもみなかった。

「情報産業とかファッション産業とかの呼び名のもとに、感覚の売買が熾烈に行なわれ、世人の注目がそこに集まっているのが現代である。Zの身体には「発振器」が埋め込まれ、その端末は見知らぬ怪物につながっている。Zの中にスーパーZが棲みつき、彼の快味はことごとく、この怪物に収奪されている。Zは代償として金をもらうが、この金は何の役に立つのだろうか。それはおそらく、新しい快を買うためである」

このスーパーZがスーパーX、スーパーYと社会的につながって現代社会は構成されている。そのプロセスを多田は鮮やかに示してみせた。そして、この論文は最後に次のような不気味な予告をする。

「人間は管理されているのかもしれない。そうみれば、その存在は「非—私」である。しかし、管理しているメカニズムそのもののなかに「私」を差し入れ、そこでコピーを侵犯し、コピーの彼方を夢みているのであれば、「公」というもののあり方が怪しくなる。こうして人は「非公非私」の存在となる」

これは『しぐさの日本文化』のような軽口文体ではない。重く暗い未来図を予言していたのである。誰の目にも多田は喧噪の七〇年代を謳歌していると見えた。彼はそのにぎやかなお祭りの中にいた。七〇年代の幕開けは大阪万博だが、その中心を担う小松左京や梅棹忠夫、加藤秀俊らと交流していた。彼らとの議論で現代日本の正体をつかむべく目を凝らせてもいた。「影」としての「私」という変数をおいて観察していたのである。大衆社会と呼ばれはじめたものは豊かな享楽的な世界ではない。じつは恐ろしい「管理社会」であるかもしれないと予告していた。

戦後の日本が大きく転換しようとしている。多田が愛した私小説の「私」が消滅していくのを感じていた。そして新しい「私」を、X・Y・XとスーパーX、Y、Zに分析して見えやすくした。「大衆社会」と呼ばれはじめたものは実は巧妙な「管理社会」である。「私」というのは、その影である。影には実体がないが、実体の表層を観察することはできる。そのような構想を『管理社会の影』によって示した。多田の表層主義はそこ以外に確かなものがないという不安を内包していた。

管理社会では伝統的に芸術といわれたものも、もはや同じものではない。複製が大衆の欲求を満たし、コピーが社会を覆う――『複製芸術論』。しかし人の身体は保守的なものだ。そこに蓄積された表現「しぐさ」を観察する。『しぐさの日本文化』は手はじめの表層主義メソッドの実験、あるいは冒険とも読めるのである。

『著作集』の再読をはじめたとき、多田道太郎はまるで好奇心にまかせた散策をしているると見えた。新奇好みの遊びのように書いていると見えた。ようやく一つのまとまりとして受けとることができた。「複製芸術論」から「風俗学」にいたるフィールドに「管理社会の影」をおくことで見えてきたもの、それは次のようにいえるのではないだろうか。

これらの仕事は柳田国男の『明治大正史　世相篇』の継承としてなされている。いわば、「戦後昭和史　世相篇」という趣をもっている。

また、多田が人文研に入る際の試験官だった鶴見俊輔は、共同研究をともにし、「現風研」でも最後まで同席した人である。多田は彼の哲学をつねに意識しないではいられなかったはずだ。そこには複雑な葛藤もあったろうが、その過程で多田がつかんだ方法がこれであった。表層主義という世界観である。鶴見俊輔の哲学と向きあってきたから獲得できた思想である。

わたしの側からいえば、多田道太郎を読むとき、いつも背後に柳田国男を感じていたということ、またいつも傍らに鶴見俊輔のことばを聞いてきたことである。折から届いた鶴見の新本は『日本の地下水』(編集グループSURE・二〇二二)である。表層主義と地下水、やはりそうであったか。

五章　遊ぶ文体

「ブルターニュ半島」の老人

「多田道太郎がフランス文学とは知らなかった」という人がいた。京大の仏文大学院でボードレールを講義する多田に出会ったときの驚きだったらしい。そうなんですよ、彼は文学の人なんです。では、それを証明しろという声があるかもしれない。そういう人に「ブルターニュ半島」を読んでもらいたい。『著作集』I巻の「ラ・フランス」に入っているが、一九七七年刊行の『ヨーロッパの社会と文化』（京大ヨーロッパ学術調査報告）に収録されたものなので他では読めない。しかも、原稿用紙にして五十枚あまりの文章なのです。「ブルターニュ農民の生活と意識」というのが原題。

「日本はながく極東と呼ばれてきたが、ヨーロッパにも「極西」と呼ばれるブルターニュ地方がある。その最西端はフィニステール県。Finistère とは「地の果て」という意味である。ロマンチスムを呼びさます名前であり、地方である。ロマンチックとは懐古的ということでもある。この地方は決定的に「立ち遅れ」ている。しかし同時に「立ち遅れ」たもののみのもつラジカリスムもある」

ここで極東の若い研究者・多田と極西の老人が出会った。調査の経過説明はいたって簡単で、八人のゴエモン採集者に面接したこと、モデルとして一人の老人を選んだわけを語る。ゴエモンといえばわたしには石川五右衛門、ゴエモン風呂、「ルパン三世」だが、フランスでは海藻の一種なのだという。昆布・わかめに似たものらしい。ヨードの原料となる。図鑑や写真などを探すと、浜で女たちが作業しているのがあるが、男は船で出て、冷たい深い海からの採集に当たっていたようだ。乾燥させると硬く、鞭の代わりにもなったという。和名ではヒバマタ。

「「一人の人」――その人は、海外経験とか、きわだった不幸とか、そういう体験をしていない「平凡」な人がのぞましい」。このモデルの選び方があざやかである。ソルボンヌ大学の学生が助手になって協力してくれたことを記している。きわめて優秀な青年だったらしく、多田はとても気に入っていた。いわば、幸運なチームであった。老人の直接話法による聞き書きである。主語は「わし」、文章は簡潔で、リリカルでさえある。ところどころに入る学術研究的な注釈や解説も全体の雰囲気とうまく溶けあっている。三人─老人と多田と青年の関係が絵になる雰囲気を作っていて、その気分が文章の勢いとなっている。

ブルターニュ半島はフランスでありながらフランスでない。人種的には北方のケルト系、ことばもブルトン語といってフランス語とは違う。だから青年の通訳が必要なのである。人口二五三万、面積は日本の中国地方くらい。十六世紀にフランス帝国に併合された。

老人は一九〇三年の生まれ。六十四歳になる。親父には九人の子どもがいた。七ヘクタールの農園を持ち、現金収入は育てた子ブタを売りに行くことで得た。売れないときは帰り道で捨てた。苦しい生活だった。彼は五、六歳から働いた。

朝飯はパンのみ、昼はブィイという麦の粥。晩も麦粥とスープ。野菜のスープに豚の脂を入れる。馬と人が同居する小屋は藁葺きである。三年に一度葺き替えないといけない。リ＝クロという長持ちのようなベッドには扉がついていて個室のような具合になる。「ドア付きベッド」ともいう。

老人は八歳で学校に行った。三キロの道を徒歩で通った。木靴で歩いた。ブルトン語しか話せないことで差別される。その差別と貧困から抜け出すのは教育しかないと身に沁みた。周りの子どもたちは勉強する気がなかったが彼は学校の勉強が好きだった。また、よくできた。しかし、十一歳でやめねばならなくなった。戦争がはじまって兄が軍隊に入ったからで、その兄に代わって家の手伝いをしなければならない。

十六歳のとき兄が帰還したので家を出て作男になった。二十歳でベニゲ島へ働きに行く。ゴエモン採りの島である。ヨードの原料として需要のあった海藻だが、やがてアルゼンチンやチリ硝石のヨードに押されていく。ベニゲ島に四年、コンケ島に三年いた。

二十四歳で結婚した。翌年には自転車を買う。一九三〇年ランデタに移住して三十年、二ヘクタールの農場と牛数匹、馬一頭、豚数匹を飼っている。ゴエモン採りも続けていて、年収は年金も入れて、日本円に換算すると六十万円ほど。

辛かったのは、ドイツの占領で強制労働をさせられたことだ。ブルターニュ半島は戦争のたびに変わった。第二次世界大戦後水道や電気がついた。近年は旅行ブームで冬二千、夏四千人ほどの観光客が来る。

老人は子どもたちの教育に心を砕いた。そのお陰で子どもたちは貧乏から解放された。娘が一人地元に残っているが、他は独立してパリで働いている。老人の生活信条は、第一に健康、次に家庭の平和、そして生活にこと欠かない、である。


ゴエモン採り老人の肖像が古い写真のようにぼんやりと見えてくる。海の風に晒されたその風貌がやや憂鬱げである。京都大学の学術調査が行われたのは一九六七年、この文章が書かれたのは十年後である。多田の文章は「京都大学学術研究報告」という体裁からいうと、ちょっと予想外の代物だ。桑原武夫が率いる研究班のふところの深さがこれを許容したのであろうとわたしは想像していた。

報告集の原本を見ることにした。梅棹忠夫・会田雄次の編集で、1、生活　2、文化　3、社会の三章からなる。その「生活」の章に多田、谷泰、桑原武夫が書いている。谷は「レオナルドの遍歴」と題して三人称で物語風の叙述、桑原は「トレギエの二つの対話」としてほぼテープからの書きおこしのまま。ドキュメント風の文体は多田だけの独創ではなかった。

序文に梅棹は「ヨーロッパ地域学の立場」として宣言のような意気込みを書いている。京都大学ヨーロッパ学術調査隊というのが正式名称だが、隊員は「ヨーロッパ探検」あるいは「ヨーロッパエクスペディション」とよんでいたという。アフリカへでも行くようにヨーロッパに出かけたという。ヨーロッパを文明の規範とする従来の方法をとらないという宣言なのである。「おわりの言葉にかえて」は会田の論文であるが、これも梅棹に劣らない気概を示す。書物全体に先取の雰囲気がみなぎっている。その冒頭を多田の「ブルターニュ半島」が飾っていた。

『著作集』I巻のあとがき対談の中で加藤典洋もいう。

「ある意味では人を食った、斬新な研究方法ですよ。学問的な段取りはできるだけ少なくして、とにかくそこで得たものを実質だけ出す時に工夫して、語りとして読ませる。聞き書きというのは、もともとドキュメントとして、こういう人の話を聞くというのが目的で行って、それをアウトプットする。でも、多田さんの場合は、出てきたものはそういう形になっているけど、研究なんです」

加藤が「人を食った」論文というのは原本に当たっていないからだ。多田もコメントを入れていない。だから加藤は研究論文とは違った形を見せているけれども、研究なのだと続ける。まるで多田が一人で立っているように読んでいるが、あのときの遠征隊全員が進取の気性にみちていたのである。

断する。

　多田は八人の面接、聞き取りをして、ここから典型を取り出すのはむずかしいと判断する。ではどうするか、平凡な一人を選ぶ。その肖像を描く。徐々に鮮明に立ち上がらせる。人類学の方法も社会学の方法もとらない。この「斬新な方法」は文学である。従来の枠に中にはまるまいとするエネルギーが文章を生き生きとさせる。しかしまた、文学臭もふり払おうとする。そういうあやういところで踏ん張っている。その魅力は今も読むものをひきつける。五十年前の文章と思えない躍動感がある。

　「小説となって腐ってゆく寸前の魅力」というのは、山田稔の散文への多田の褒めことばだった。彼自身がすでにそれをこの「ブルターニュ半島」で試みている。こちらは研究論文として腐ってゆくことを肯んじない気概を示したものだ。谷泰の「レオナルドの遍歴」も三人称の物語風にまとめられている。読者を意識した叙述である。「イタリア中部山村一過疎村の生活史」というサブタイトル、新しい生活史の方法をみごとに自分のものにしている感じがある。

　しかし、いま読むと多田には及ばない。次のような老人の語りに多田の描写力を見る。

「子供心にも、そのころの生活は苦しかったな。第一、大世帯だしな、その割に耕地は少ない。それに農具が古びた代物でな、時代おくれ（rudimentaire）というやつだ。穀物はほとんど動物のエサだ。小麦があまれば、これは売って金になったが、ほとんどがあまらない。今も言ったように、仔牛を売るのが唯一収入の道だったが、しかしわしは売るのが嫌だったな。小さくて、可愛かったんだ。わしが十歳のころ、おやじは仔牛を一頭売った。とても辛かったので、よく覚えている。一頭売って一八〇旧フランにしかならなかった。今は一五万旧フランくらいに売れる。えらい違いだ。仔牛か？　仔牛は一年半ぐらいのを売るんだ。だから可愛いもんよ」

そして、一五万旧フランが日本円で九万円程度であると注記して「私たちの感覚からすると高価とは思えない」

また、老人は売れないので捨てられた仔馬の思い出を語る。

「さあ、その仔馬はどうして死んだものやらな。いやな、悲しいことだったよ、みじめなもんだったよ。ああ、つらいことだ」

先に「辛い」は漢字だったが、ここでは「つらい」になっている。こういう無頓着さは『著作集』にこと欠かない。それは小事である。

大事なのは、「ああ、つらいことだ」というつぶやき、あるいは嘆き、老人の感情の高ぶりに多田が心揺すぶられていること。それを書きとどめたこと。フランス学者はフランス語にも訳しにくいことばだといって立ち止まる。こういう不思議な間投詞を伝えるのがフィールドワークならではの醍醐味である。多田はそれを原文で注記しているが、誰かに音読してもらいたいくらいだ。“C'était triste, ça!” “Oh! c'était la misère! Oui va, oui ga!”

日本でも地方で古老の話を聞くとこういう体験をすることがある。意味はとれなくても味わいを残す。その場の空気が伝わってくる。「うた」の語源は「ウッタエ」だと民俗学者はいったが、ここにわたしは「うた」を感じる。

この多田の挑戦が非常に文学的であるとわたしは思う。学術書の既成の文体に対して、日本の私小説できたえた一人称である。ここに谷泰が並ぶと、やはりこちらは文化人類学者の文章である。優劣ではない。文学は人を生き生きと描く。読者をドキドキさせる。加藤の「人を食った」や大胆な冒険という喝采はどこか外れている。まして、反逆などと見るのは違う。

ところが、肝心の多田はこの実績をそのままに放置した。このスタイルはここだけで打ち捨てられた感じなのである。このころ現代風俗研究会を始めるが、たとえば、その成果の一つとして『風俗学——路上の思考』を見ると、「ブルターニュ半島」と全く正反対の方向に進んでいる。「ブルターニュ半島」の集中力は一人の老人の存在の核心へ向かうが、『風俗学』は社会の表皮を観察して縦横に拡散する。ふたたび「ブルターニュ半島」は現れない。

信じられないくらいに「ブルターニュ半島」の文体は姿を消す。だから「多田道太郎は文学の人だったのか」という声に笑ってしまうが、「ブルターニュ半島」を読んでみてと応える方もトーンダウンするというわけである。

『著作集』はいろいろな面で不思議なところがある。その一つは解説の代わりに全巻が加藤典洋と著者との対談で締めくくられていること。出版当時、加藤との出会いにいかに魅了されていたとはいえ、今読みかえしているとその効果は疑わしい。多田と加藤はあまりにも一体で、対談とはいえない気がするからである。

加藤の『オレの東大物語』を読むとその感じが納得できた。東大の思い出の中で、加藤がいちばん好感をもって語る教師は平井啓之だ。平井は旧制三高での多田の先輩である。しかも、文芸部で中原中也や宮野尾文平を愛読した仲間である。その平井の教え子が加藤だった。その加藤に思いがけなくカナダのモントリオールで出会ったこと、それは多田にとって想像するだに衝撃的だったろう。いわば精神的な甥が突然出現したような対面だった。それからの多田の加藤熱は『著作集』巻末対談へ発展して残された。

もし、この第I巻『ラ・フランス』だけの対談だったら、加藤は「ブルターニュ半島」について、もっと立ち入った批評をしたのではないか。「これは研究なんです」といい切る根拠を詳しく語っただろう。「研究」と「文学」の関係を論じ合ったと思う。すると、多田道太郎の『著作集』以降の仕事の質が変わったにちがいない。

回り道をしてしまったが、「ブルターニュ半島」に戻る。

別れ際にゴエモン採りの老人と握手をしようとして右手を出す。老人は左手を出す。

見ると、右手の指が三本欠けている。舟にのっていて網にはさまれ、切断したのだ。それを聞くのは別れた後である。この老人の意識を集約することには「苦痛を感じる」と多田は最後に書いている。

「ブルターニュ半島」の結びは素っ気ないくらい簡潔だ。この老人の意識は「強いていえば、㈠現状満足、反ではなく、非技術志向。㈡閉鎖的、ある種の個人主義。㈢教育重視、この面での近代主義」。またもや箇条書きである。読者としてははなはだ物足りない。

しかし、「平凡」であることの味わいが読後感として残る。「ああ、つらいことだ」、老人は深い響きをもつ声の人だったにちがいない。八十歳をこえたわたしが六十四歳の人を「老人」と呼ぶのはわれながらおかしいが、堂々たる威厳に対する敬意なのだ。と、ここまで書いてきて、もどかしいものがあるのに気づく。声、老人……どこかで似た人に出会った気がして仕方がない。それがやっと思い出せた。

『キューバ紀行』（堀田善衛）であり、『清光館哀史』（柳田国男）だ。そこで出会った貧しい人たち、物いわぬ老若男女たちである。堀田は一九六四年七月サンチャゴの広場で有名なカストロの演説を聞いた後、街を歩く。貧しい家並みの一軒で一人の老婆が子守をしているのを見る。その頭上に「SIN MISERIA」（もう悲惨なことはない）という文字を見る。彼女にとって革命を否定することは奴隷に返ることだ。革命が、カストロが彼女を人間にしたのである。柳田は『清光館哀史』に東北の寒村のお盆の夜を描く。「なにゃとやーれ　なにゃとなされのう」と歌う女たちの声を聞く。その声は晴らしどころのない生存の痛苦を訴えていると聞く。堀田のキューバは柳田の東北につながっている。

「ブルターニュ半島」がわたしに届いたのもそれに続くのである。「ああ、つらいことだ」と声に出してみると、そこにわたしの祖父母までもが並んでたたずんでいる。祖母は小学校を四年でやめなければならなかったと幼いわたしに何度も訴えたものだ。五年、六年は希望者だけの進級だったという。祖母の両親が相ついで亡くなり、医者だった祖父を支える人が誰もいなかった。学校から帰った小学生のわたしが新知識を披露すると、かならず祖母は「もっと勉強がしたかった」と呟いたものだ。

ブルターニュ半島の老人から連想される人たちはどこか懐かしい。わたしは読み終えて小さな落着《らくちゃく》を得る。祖母がいて、若い多田道太郎にも出会えた――文学の旅。といいながら、堀田や柳田と多田の違いにこだわりが残る。この違いは何だろうか。

柳田には東北という異文化への、堀田には過酷な革命後を生きるキューバへの畏敬がある。それは哀切な響きとなって余韻を残す。しかし、多田の「ブルターニュ半島」の結び の箇条書きはそういうものに水を差す。労働の中で指を失ってその後を生きる極西僻地の老人と極東の学究との握手。そこに生じたはずの共感とでもいうべきものが十分に書かれているとはいえない。「苦痛を感じる」だけではもの足りない。

（この文章を書くにあたっては文化地理学者・石塚道子さんのレクチャーを受けた）

俳句の師は小沢信男

多田道太郎は晩年俳句に熱中した。俳号は道草（みちくさ）。彼の俳句の師匠が小沢信男であった。その小沢の死を新聞が報じていた。二〇二一年三月三日死去。

『多田道太郎句集』（芸林21世紀文庫・二〇〇二）が残ったのは、師匠が小沢信男だったからだ。何しろ編集にかけては鬼才、あの「新日本文学」に携わり、長い歴史に幕を下ろした人である。多田が俳句に熱中しはじめたのは古希を迎える前後であったから句の数も少ない。その上、知恵子夫人のエッセイや亡き娘への悼詩なども収録するといいう型破りの句集である。一冊にするのには苦労もあったらしいのが解説で分かる。

その解説は飄逸と軽みの体でありながら、多田の本質に鋭く迫ってもいる。「これでも句集かしらん」といい、いや待てよ、子規以来俳句が何やら近代の文芸になり上がっている、もっと自由な文芸のありようを楽しんでもいいのではないか。そして最後に「これは句集です」と太鼓判を押す。『多田道太郎句集』は師匠のお墨付きを得た。多田は遊び心を満足させたにちがいない。「多田家の茶の間へ招かれたような」空気があると小沢は書いている。多田は親しくなった人を自宅に招くのが好きだった。そこでくつろげる人もいただろうが、遠慮したい人がいたかもしれない。小沢の計らいはその両方への案内となっている。

句集の構成は次のようだ。まず、喜寿の記念に作られた小冊子『さくら鍋』がそのまま全部入る。続けて「文音歌仙、行き当たりばったり」(多田、小沢、藤田省三)がある。それから、愛娘追悼の詩「さよなら謠子」。これは『私の敵が見えてきた』(一九八七)からの再録だ。そして、辻征夫の「多田道太郎さんの肖像」があり、小沢の解説が結びである。

この小さな文庫本は、多田道太郎がどんな人だったかを考える上で貴重な資料である。とくに「さよなら謠子」一篇がここにあることで、この句集は「一個の渾然たる作品と化している」と小沢はいう。愛娘謡子の死以後多田はどう生きるか分からなくなっていたとわたしも思う。老いと病も追いうちをかける。そういう境地を汲みとっている小沢である。俳句に逃げた多田をかくまった人だった。

この間の事情を『通り過ぎた人々』（みすず書房・二〇〇七）や『小沢信男さん、あなたはどうやって食ってきましたか』（編集グループSURE・二〇一一）によって知ることができる。

『通り過ぎた人々』は新日本文学会につながる人々への追悼文集だが、その中の一章に藤田省三があり、そこで「文音歌仙」が生まれた経緯を語っている。多田は小沢に「ボクの親友です」と藤田のことを紹介したそうだ。そういうことは日頃のことばの節々に察しられたが、謡子の葬儀の夜のいちばん辛い時間も多田は藤田と酒を酌み交わして過ごした。加藤典洋が同席していて小さな証言を残している。そのことひとつにも多田にとっての藤田の存在いかに大きかったかを知ることができる。

小沢によると、藤田は愛媛県今治市に生まれたが、両親は大三島出身で村上水軍の流れを引く。兄弟五人の末弟、長兄は海軍特攻隊、次兄は陸軍士官学校銀時計組という俊才、ともに戦死した。彼も陸軍予科士官学校生として終戦を迎える。その体験が最初の著書『天皇制国家の支配原理』となって結実した。また次の著書『維新の精神』にも国家体制の崩壊を見てしまったもののまなざしを小沢は読みとっている。

その藤田は晩年直腸がんを患い、手術の後人工肛門の生活となった。その予後が悪く外出しなくなったと小沢は人づてに聞く。電話の対応にも極端に機嫌の悪い日がある。住まいも近いので連れ出そうとすると拒絶される。

「談たまたま連句におよんだのは、機嫌がよかった一九九九年の暮れだった。文音歌仙といって郵便で回す連句があります、やりませんか。仲間になるやつがいないでしょう。いますよ」

こうして小沢は藤田の不遇と多田の寂寥をつないだ。何という鬼才だろう、人まで編集する。

二〇〇〇年賀状に添えられた道草の句を発句とした。

行き当たりばったり落つる今朝の雪

病と老をかこつ碩学二人である。これをまとめて歌仙一巻とするなんて小沢の他にできる人はいない。俳句のよしあしや配列の妙などを批評するには、わたしはあまりに知識がなさすぎるが、ここに漂う空気は読める。三人の間を流れる静かな穏やかな時間を感じることはできる。寂しいが贅沢な気分である。その一部。

雑　宵越しの銭はのこさぬ明け暮れに　巷児（小沢信男）
雑　ゆくてさえぎるものとてもなく　藤作（藤田省三）
夏月　地べたにて煙草を吹かす夏の月　道草
夏　張り込む刑事《でか》につらい水虫　巷児
雑　山は裂け海は褪せなん世となりて　藤作
雑　じゃん拳をして行方定める　道草

見る人が見たら、おそらく巷児が懸命に舵をとるおかげで、小舟はかろうじてゆらゆらと遊ぶ体裁を保っているというところだろう。それでいながら三人三様の個性がくっきりと刻まれている。とくに道草の風体の味わい深さをわたしは貴重なものに思う。地べたへたりこむ所在なさを夏の赤い月が見下ろして、それでよいという。「山は裂け海は褪せなん世となりて」には藤田哲学の深いペシミズムが見える。それを「じゃん拳」でうけとめるのが道草のイチビリである。多田と藤田という、凄みの二人を波荒い浮世の小舟にのせて、船頭は出すぎず引き過ぎず。

秋　　虫すだく長養を看取る妻の耳　　藤作
秋　　鶏頭届けん傘貸せおかみ　　道草
雑　　文豪が下駄干している坂の町　　巷児

最後は次のようである。

花　　花守や額あつめる三老人　　道草
春　　彼岸に着きし慶春のふみ　　巷児

こうして年賀に始まった文音の歌仙は春の彼岸に巻き終えた。
『小沢信男さん、あなたはどうやって食ってきましたか』は津野海太郎と黒川創の質問に小沢が答えるスタイルの鼎談である。含蓄のあるやりとり、「今ならいいだろう」といううら話の醍醐味がある。そこで津野海太郎がこんなことをいっている。

「多田さんの『変身 放火論』、昔いただいたんだけど、読みかけて挫折したの。読みにくいんだ。（略）最近、なんとなくふっと多田さんのことを思い出したもんでね、よし、今度こそ全部読んでやろうと思って、読み始めたんだけど、あぶねえ、途中で挫折しそうになっているんだよ。（略）あれも口述筆記なんだってね。そういう文章って、おれ苦手なんだよ。小沢さんみたいにきちんと構築された文章だと頭に入ってくるんだけど。頭に入りにくくない、あれ？」

二人もこれに軽く同意している。黒川は「人柄もね」といい「とても親切なんだけど、それがわかりにくい」と苦笑。

多田道太郎への入りにくさが語られているが、「長養」の藤田の入りにくさもただ事ではなかった。生きているのが嫌になっている、生きるのが面倒になっている二人が俳句という文芸でひととき精神の自在を楽しんでいる。もともと連座の雰囲気に強い関心を持っていた多田にとってのこの試みは、小さな希望だったのであろう。

とはいえ、どうして最後が俳句なのかという問いは残る。

『おひるね歳時記』（筑摩書房・一九九三）は「週刊新潮」に連載されたものをまとめたものである。山本健吉が長年担当していた「句歌歳時記」の後継として始まったのが一九九八年六月、その連載は二〇〇一年まで続いたので、途中での出版ということになる。何か事情があったのだろうか。

「毎週金曜日のしめきりがくると、あたふたと俳書をひもとき――自慢じゃないが（自慢かな）一度も書き溜めをしたことがない。「一度も」はウソ。一度だけ短いイタリア旅行をしたときはさすがにちょっと書き置きしたけれど。／ま、しかし正直六十をとっくに過ぎた老人の、リハビリのつもりがこれはかえってからだにこたえた」「あとがき」は機嫌も調子もよく軽い。本文はどこを引用しようか、とりあえず一一九頁。

今つぶすいちごや白き過去未来　　西東三鬼

世界中のファッション文具で一ばんの売れ筋は果物イメージではイチゴだ。そこから河北秀也氏は「いちごみるく」というキャンデー名を発想したという。「今」

つぶすいちごの白さのなかに「未来」まで感じてしまった三鬼という人はやっぱりスゴイな。

鬼百合がんしんしんとゆく明日の空　坪内稔典

坪内氏の句では未来の方から何かがとんでくる。あれ、鬼が空を飛んで行く、と思ったら「鬼百合」か。「しんしん」というのが妖しい。純潔の象徴白百合よりも、百合の鬼子みたいな鬼百合の系統が、今、花のマーケットで伸びているそうな。

『おひるね歳時記』には芭蕉の句が一九、蕪村が二二、一茶が三一、ついでに小沢は二〇採録されている。選句はともかく寸評の妙に連載は好評だったという。従来の俳句学者に真似はできない芸当だったであろう。三鬼を評するに「いちごみるく」、坪内句では「花のマーケット」の情報である。風俗学研究会の多田道太郎ならではである。これまでの学者とは少し違うと思った人、苦々しいと思った人がいた。わたしは連載当時ほとんど無関心だったし、週刊誌の連載が続いている最中での出版というのも奇妙に思えたが、とても美しい本である。装画は秋野不矩、装幀は南伸坊。

美しい本といえば『ことわざの風景』（筑摩書房・一九八〇）も粋である。田村義也が装幀、装画に携わっている。「ねこばば」の項に、「凡人主義」ということばが出てくる。大阪漫才の極意だという。相方を茶化しついでに自分もひきさげて、まあ、おたがいこんなもんやないか、というのが凡人主義だといっている。

『おひるね歳時記』の妙はこれに近いものがある。古今の俳句を横に並べる。芭蕉だから、蕪村だからとありがたがらない。凡人として読む、しかし、蘊蓄を傾ける。学識や見識はなるべく見えないように、とぼけてみたり、こけてみたり。

「去年《こぞ》今年貫く棒のごときもの　高浜虚子」の句の次に「去年今年ともなき我に客もなし　星野立子」を置く。そして「父にくらべ娘の姿かたちの軽いこと」と喜ぶ。

「椿落ちて昨日の雨をこぼしけり　蕪村」には漱石が『それから』に描いた夢の中で椿が落ちる不吉さを置いてみる。「淋しさに飯をくふ也秋の風　一茶」には小川洋子『シュガータイム』の「巨食症の女」を思い出す。ここでも異質なものを平面に並べる力が光る。その大胆さが強い個性となっている。

「暗き世に爆《は》ぜかえりてぞ曼珠沙華　小沢信男」に警世の声を聞く。「一夜にて

火の手のあがる　彼岸花　伊丹三樹彦」に昭和二十年の自身の東京大空襲のある夜を思い出す。傍らで「こんな見物はめったにないよ」と呟いていた老婆がいた。「彼女の家も焼けている。日本庶民の明るいニヒリズムがぼくの胸の中に落ちた」。多田は、警世の人を大事にしたがニヒリズムにも深くなじむところがあった。

「夕顔ト糸瓜残暑ト新涼ト　正岡子規」についてはこんな具合だ。

「「と」というつなぎことばは論理的にあいまいだ、避けた方がよい――とは論理学の教えるところ。あなたは論理学が弱いと鶴見俊輔氏にむかし叱られたこともある。それでも好キヤネン「残暑」とも「新涼」ともつかぬあたりが」とうち明けているような開きなおっているような構え。このあたりに『おひるね歳時記』のしたたかなモチーフが隠されている。京都大学名誉教授は長い共同研究生活の中で、つねに求められてきた論理学への静かな決別を用意していた。

文体がどんどん軽くなり、論理のくびきから身をはがして、その道の先に俳句があった。

小沢信男は俳句の人でもあるが小説家でもあり、わが「読む会」でも愛好者が多かった。小説『わが忘れなば』を「読む会」で取りあげたのは一九九〇年。多田が強く推薦したのに当日は欠席、北川荘平が報告した。その冒頭次のように――「この道を泣きつつ我の行きしこと我がわすれなばたれか知るらむ／詩人・田中克己の右の短歌をモチーフにし、題名にもしたこの作品の初出は「新日本文学」昭和四十年一月号。末尾に東京オリンピック（39年10月24日閉会）のマラソン実況がでてくることから推して、昭和三十九年の晩秋の短期間に一気に執筆されたものとわかる。作者三十七歳の作である。／初出時に読んで感動興奮。いらい何度も愛読し、もっと長いものと思い込んでいたが（略）わずかに六十枚弱」

討論の終わりに飯沼二郎「北川さんのおかげでこんないい作品読めた」山田稔「ほんまに、よう思い出してくれたなあ」の発言がある。小沢は福田紀一の友人だとも紹介されている。

こういう前段階があって、多田は小沢の「余白句会」に入った。

多田道太郎にとって俳句とは何だったのだろうか。やや唐突だが、多田が折々に出した単行本のあとがきを思い出す。ちょっと他にはまねのできないあとがきである。生前最後の著書となった『変身 放火論』のあとがきがその極端な一つだが、すべてのあとがきに共通するスタイルがある。

『変身 放火論』のあとがきには三人のことを紹介している。

まず、藤田省三である。昔、講演の合乗りをやったとき「あんたは壇にあがるまではむつかしい顔をしてるのに、壇にのぼると急ににこにこ、なぜあんなに変身できるの」といわれた。痛いところをつかれた。これから壇上で自分がどんな芸を披露するのか、自分でも分からない。聴衆が多ければ多いほど調子が出ることは自覚している。にこにこせずにいられない。それを藤田に気づかれてしまった。

次に花田清輝。花田は「もう一つの修羅」でタイコモチ桜川忠七の紹介をしている。「タイコモチ」などというおよそ縁のない文化、しかもほとんど死滅した江戸の文化を多田はひょいと借りる。同時に花田の「修羅」も借りる。桜川忠七が生きた「修羅場」は客の足を引きとめる瞬間の芸である。一時間で帰る客をもう一時間とどめるわざ、「玉」すなわち金を賭けての命がけの芸である。花田が「武士が修羅をもやすならば口舌の徒たる文士もまたみずからの修羅をもやしてもわるくなかろう」という。筆一本で「新日本文学」の編集という修羅場をくぐってきた文士だと花田は自負している。最後まで京都大学教授であった多田に二人の真似などできるものだろうか。

最後の一人は安部公房。彼の「蛸壺の思想」を引用している。「万一書かれたものがどろどろぬるぬるしていたり、ばらばらでとりとめがなくそれ自体ではとても形がつかぬような場合でも、量さえ適当であれば安心して中におさめられるという、すこぶる親切な都合のよい『壺』がここにある」。『変身 放火論』の語りがばらばらでとりとめがないと自覚している。壺にでも入れないとまとまらない。最後のスタイルはシュールでいこうという魂胆のようだ。

この転々とするあとがきも、やや自虐めいている。分析はむずかしい。何とか理解しようとして何度も読みかえしてみたが失敗。「死んだふり」とか「全部、うそ」とか、やはり、だまされているような感じが残る。多田らしい「てんご」なのであるがわたしには通じないのである。

これが当初『変身 放火論』のあとがきについて思ったことだ。もう一度読みなおしてみると、もう少し具体的なことが見えてきた。

まず、藤田から笑い話のようにいわれた「にこにこ顔」が意味しているものは何か。ここでは自分の文体について話芸を選んだわけをいっているようである。老年になって多田は文章に力がなくなっているのを感じる。しかし聞き手を前にすると元気が出ると自覚している。藤田のことばがそれを後押しする。その力を借りて一編を書き上げよう、いや、語り尽くそうと決意する。雑誌「群像」の編集者との幸運な出会いがあった。いい聞き手だったのでいい雰囲気が最後まで保てた。しかし読者にまでその気分が届くかどうかは別の問題だ。津野の感想「入りにくい」はそれをいっている。

次の花田清輝。多田は『変身 放火論』のモチーフとして花田の「修羅」を借りたのである。西鶴から『大菩薩峠』を経て村上春樹まで、古典や大衆小説、現代日本文学を語るのに、なぜ「変身」や「放火」というキーワードが必要だったのか。なぜ、「変身」と「放火」にこれほど執着するのか。そういうことは、著書の中で語られることがなかった。それを花田の「幇間の話芸」と「口舌の徒」を借りて伝えようとした。命がけの芸というのは、真似できるものではないということ、多田が知らないはずはないのだが。

分からないのは、安部公房である。「蛸壺の思想」ということばに多田は飛びついている。ほとんど安部の思想とは無関係に、多田はわが身を「蛸」と擬す。編集者と自分の語りの空間を「壺」で喩える。

「筆者は蛸のように「ばらばらでとりとめがない」足どりで『変身 放火論』とい

う蛸壺にもぐりこみ、死んだふりをしている――つもりなんです」

これはいいわけである。あとがきでそういうことはしない方がいいが、ここには多田が俳句に熱中するわけが隠されている。借りること、擬すこと、飛躍すること、転ばすことは俳句の常套手法である。飛躍する着想の振り幅が広いほど妙味をかもす。そうした俳句の技法を多田は絶妙の早さで身につけていた。

「余白句会」での評価がほんとのところどうだったのかを師匠の小沢に問うことはもうできない。生前、同席することもあったので聞いておくべきだった。後悔先に立たず。飄々としたしぐさでかわされたかもしれないが、多田には十分に楽しめた句会だったと見える。

「端居するりんごの気もちわからずて」と初めはおずおずと。「あ　そうかそういうことか鰯雲」とつぶやいて、ずいっと入る（一九九四年）。

しかし「猪突して返り討たれし句会かな」（一九九五年）ということもたまにはある。「鬱王や下駄揃えのちブランコに」（一九九七年）。幼かった娘との記憶をひときわ甘くする小道具がブランコである。「鬱王」にならざるを得ない所以だ。とはいえ「誇るべき一点もなきわが裸」と自諧を吟じる余裕を得た。これも俳句が救った境地であるか。「というわけでひとりしづかに風の吹く」は東京の高雄山で得た。

道草の究極の句境は二〇〇〇年の作、次のようなところだとわたしには思われる。

老夫婦話題喪失冷奴
臍噛むか思い出すべて遠花火

解説は無用だろう。老夫婦の間だけではなく、世間に対しても、もう話すこともない。「臍噛む」とは自虐が過ぎると思うが、生きてきた過去がすべて遠花火のようだというのは、老境を余すところなく語っている。美しくもあるが、寂しい。寂しいがおもしろかった。記憶はみんな遠く微かである。しかし、微かながら光を放っている。

人づてに聞いたことだが、杉本秀太郎は「多田さんの中でいちばんいいのは俳句」と評したとか。けだし名言というべし。

机の引き出しから古い新聞の切り抜きが出てきた。朝日新聞の夕刊が「戦後６０年を生きる」シリーズで多田道太郎を取材している（二〇〇五年九月三十日と十月一日）。

記者は「タダイズム」というタイトルを付けた。そこで「僕自身の本質は俳句につきている」と述懐している。つながりそうにないものを機知によってつなぐ俳句は、自分の発想に似ているというのである。最後に俳人になったのは偶然ではなかった。

結べぬままに

多田道太郎の八〇年代は多事多難だった。一九八三年モントリオールから帰国して間もなく胃がんの手術をした。この入院生活も多田は短文にして笑っている。「わが胃腸文明論」（一九八三年十二月十四日、共同通信社）「ストレスにかかったネズミ」（「潮」一九八四年一月号）「まんじゅう怖い」（「in pocket」、講談社）

そして翌年三月には病気見舞いの返信「戦々恐々」を友人にあてて書いた。

「街にも心にもほんとうの春がやってきたようです。

いかがお過ごしですか。

三月にはいり、体調もぐんとよくなり、ごはんは回数に分けますがふつうの人と同じくらい食べるようになりました。酒も少しずつのみはじめ、チョコレートやカレーライスなど、医者にとめられているものをひとつずつためしながら食べています。たばこだけはまだすっていませんが、禁煙主義が二〇世紀アメリカの最大の愚行であるという信念にはかわりないので、いつかは復活することでしょう。(略)寒いあいだは小鳥をながめてゆっくり家にひきこもっています。副作用がでないかと戦々恐々としていると、ときどき腹が、雷鳴をたてます。くだをとめる、消えてなくなるというホッチキスは、まだとれていないようです」

四月二十二日には「全快パーティー」を開催。宇治御蔵山の家に総勢五十人が集まった。そのときの記念写真が残っている。中央に多田家の三人、桑原武夫、梅原猛、飯沼二郎らが見える。人文研の人たち、「読む会」の人たち、現風研の人たちに呼びかけられた。赤いスーツの娘・謠子は弁護士になったばかりである。病気も還暦の厄も吹きはらって、多田家の三人は微笑んでいる。

その二年後に、謠子の急逝があろうとはだれにも予想できなかった。多田は声を放って泣いたが立ち直ったように見えた。海外にも盛んに出かけ、『著作集』を刊行した。最後の共同研究もなしとげた。

「四歳になるうちの娘が」「私の豚児」など、謠子は多田の文章にいちばん多く出てくる実在の人だった。死後も「亡くなった私の娘」と書いた。多田の表現活動の根元のところにいつも謠子がいた。『物くさ太郎の空想力』（冬樹社・一九七八）に入っている「ノスタルジア考」（一九七六）はその一例である。

「小生の娘は典型的なアンアン・ノンノ族である」とはじまる。気の毒なノンノ族は偏屈おやじの犠牲となって近所を散策する羽目になる。古い神社に至り歓声をあげる。「こういうところでコカコーラでも飲んでいれば最高」と。ごみごみとした現代社会は山里への憧れを発見するが、そこにはコカ・コーラというショックが必要だと、多田は父親から突然社会学者になる。「ノスタルジアとは、こんにちのことばでいえば、文化ショックの多少とも深刻な症候群を指す」といい「病者は私たちにむしろ生気を与えつづけている。不健康はみごとに健康化した。疑う者はアンアン・ノンノ族の、かの病めるがごとき目の隈どりを見よ。病者のような目の隈を不健康と思う者こそ不健康なのである」。

娘に気をとられている多田の「ノスタルジア」分析ははなはだあいまいになってい

る。書きたかったのは、ノスタルジアよりも父と娘の幸福な絵図だった。

九〇年代は移動が多かった。

一九八八年京都大学を定年退官後同年、明治学院大学国際学部教授に、一九九〇年に武庫川女子大学家政学部被服学科に、一九九六年に神戸山手女子短期大学環境文化研究所所長になった。当時は分からなかったが、自分が老いの衰えを痛感するようになって、あの当時の多田の動き方は異様だったと思う。招かれることもあったが、多田家にはいろんな職種の人がいた。外国人の長期の滞在者もいた。

招いておきながら多田は機嫌がよさそうにも見えなかった。もてなしのご馳走をよそに、味付け海苔のビンを抱えて「ぼくはこれだけで栄養は足りている」といった。いちだんと奥まった目はなんとなく「あほらし」といっているようだった。そこに謠子の不在を読んでいたのはわたしだけかもしれないが。

多田は道草が好きな子どもだったという。だから俳号もそれにちなんで「道草」、「みちくさ」とよんでくれるようにいっていた。夏目漱石が「人生は片づかない」ということばで結んだ小説に「道草」と題したのは、できるなら道草はしたくないとの思いがこめられている。片づけて人生をしまうことが理想だったのであろう。多田は違う、道草を楽しむ、片づけたら道草ではなくなる、人生などと大仰にいうがそれは道草にすぎない。

そういう思想の中にわたしは二十歳からいたのである。彼にはほんの一つの道草だったがわたしには全生活だった。彼を知らなかったらぜんぜん違う人生になっていた。それほど大きいことだった。師は彼一人といってもいいのである。

「木を見て森を見ず」ということばがあるが、わたしは「森に生きて木を知らず」だった。森というより雑木林の感じだったが、『著作集』を再読することは、木の姿をさがすのに似ていた。読むほどに多田の不思議さは深くなるようだった。どうしてだろうと思うとき、幼少時代を語らなかったことに一因があるのではとも感じるのである。

柳田国男のことを多田はしばしば書いているが、柳田が古希を過ぎてから著した『故郷七十年』の意味をどのように受け取っていたのだろう。それによって柳田の人柄だけではない、学問と思想の全体像が鮮やかな輪郭と陰影をもった。そこをまねることはしなかった。

その柳田と同じく多田に大きく影響した鶴見俊輔を考えてみても、彼が晩年に「自分の書いたものはすべて母への言い訳」といったのは、幼年期の重い告白である。多くの先人たちが晩年に根に還る作業をする、そういう姿を多田は見てきたはずだが、彼はそれをしなかった。根は思想の出発点である。柳田は小さな家だったことや貧しかったことが民俗学の出発だったといっている。母に「不良少年」といわれたことが鶴見哲学の原点だった。

多田の子ども時代はわずかに俳句にだけ遺っている。

きびたきや　水浴顛倒　少年期
きびたきの来て木たたく少年期　　一九九九年三月二十一日

どちらの句もわたしは好きだ。「水浴顛倒」は少年時代の体験そのものだろう。きびたきが水浴をするか、それはセキレイではないかという人もいる。「キ」といういささか尖っている音に彼は自身の生来の不器用さを表現したのである。きびたきはせわしないか、きびたきはリズム感のない動きをするか、問題は残る。しかし、その音に幼い自分を見ている。木をたたく音は孤独な少年の発せられることのなかった胸の鼓動だ。キ、キ、キと重ねられる音は淡く切ない。「木」は京都風に「キィ」とよむのだろう。

こんな逡巡をしていたら、またまた思いがけないところに彼が現れた。どうやらわたしの部屋にはいまだに彼があちらこちらと隠れ住んでいるらしい。小冊子の間から出てきた今度のコピーもわたしに謎めいた微笑を投げてきたのである。雑誌「群像」一頁の小文「「リアリティ」の底」（一九九四・三）。『著作集』VI巻では「リアリティの底が抜けた　ドストエフスキー」と改題されている。

こんな話である。ドストエフスキーの短編「おかみさん」（一八四七年）はあまり知られていない。じつに不思議な小説で、原題は「ホステス」、翻訳者を翻弄してきた難物なのだという。その分かりにくい小品について多田は「「リアリティ」の底が抜けている」と表現している。つまり「わけが分からん」のである。そういいながら「一連の怪し気な気配、雰囲気には「筋」よりも「リアリティ」よりも迫力がある。が、物語に華はなく洗煉もない。怪し気であっても妖しくはない」。大変な気に入りようだ。この「おかみさん」は発表当時から不評だったそうだが、ニーチェだけが

「私の人生の最もすばらしい僥倖」といって褒めた。多田はそのことにひどく満足げで、まるで自分が褒められたかのようである。

「ニーチェは怪し気《げ》な小説に「気」の現代性を見つけたのかも。ぼくの怪し気なエッセイではとても「真実」は保証できない」

「気の現代性」こそは多田が追いかけてやまなかったものだ。表層主義といっていたのもそれであった。最後までその問題と格闘していたのだと分かる。「真実」などということばを『著作集』の中でほとんど見たことがなかったが、やはり遠くに「真実」の灯を見ていたのであろうか。しかも「保証できない」とこちらの気を削ぐ。そうだった多田はいつもこのようにこちらの「気」に茶々を入れたり削いだりした。そうして「ぼくの怪しげな気」に自負をこめていたように思う。多田の「真実」に迫ろうとすると先んじて「底を抜く」のである。その不思議な意地悪さを思い出す。笑っているうちに落ち込んだりした。辛いときに温かく支えられたりした。生前からわたしはなんども「底」を抜かれていたが、またしてもやられたようである。

確かに手はさしのべられたし、いつもその手に支えられてきた。けれども、それは安心させてくれるようなものではなかった。

多田は『しぐさの日本文化』(「むすぶ」)の中でいっている。

「「むすぶ」こと自体、日本文化の特徴をあらわにしているという気がしないこともない。紐と紐とをむすび、米粒をむすび、手と手をむすび、——このようにして、私たちは「つながり」の世界をかいま見、確かめ、そして安心の境地へといたるのである」

なるほど、そうであったか。ここまで読んできて安心の境地に至れないのにはわけがあったのである。結べないから安心できない。

多田道太郎は遠くで「まだまだやなあ」と笑っている。最後はなつかしい微苦笑であった。

*

先生の本棚

多田謡子さんが亡くなったのは一九八六年十二月十八日だった。先生最愛の一人娘だったから、この運命の痛撃に先生が耐えられるかと案じた。先生との長い付きあいをふりかえると、その前と後とではまるで色合いが異なる。大げさにいえば、陽と陰ほどに。謡子さんがいない宇治御蔵山の家は空洞を抱えたところになった。ひきかえて、前半のくったくのない付き合いは年ごとに輝きを増す。「思い出」と一口にいえない構造をもって前半と後半が逆の動きをする。だから先生との思い出をたどることは、まるで車酔いのような気分にゆきつくのである。多田謡子遺稿集『私の敵が見えてきた』(一九八七)がその区切り目にある。

この遺稿集は当時多くの書評をもって迎えられていた。わたしが挟み込んでいるコピーだけでも、朝日新聞、読売新聞、京都大学新聞、岐阜新聞、東京読売新聞、週刊朝日。三六〇頁の大著である。構成は、一章「思い出」、二章「文章と仕事」、三章「臨終記」。「文章と仕事」の中に弁護士になって二年目の謠子さんの実績が記録されていることと「臨終記」で謠子さんの最期をみとった久下格氏の記録があることが、普通の追悼集では見られないボリュウムである。

「思い出」の章、冒頭の知恵子さんの「かわいい童女」はさながら絶望の呻き声だった。「謠子、どうして入退院をくりかえしていることをお母さんに言わなかったの。私はそんなに頑固なわからずやの母だったろうか。——私は毎晩毎晩泣いています。謠子帰ってきておくれ。ね、お願い」

智恵子さんのこの慟哭に呼応しているのが、最後に置かれた先生の詩「さよなら謠子」だった。その中の一連。

忘れておしまい　みんなみんな
どうしてかと言うと　お前にはいのちがない
お前は尖った白骨となり

山の見える住宅地で
大好きで大嫌いなお母ちゃんの
涙の風呂に入れられてしまったのだから

先生夫妻のあの家での日常を思うともういけない、どんな顔で向き合ったらいいか分からないのである。そういう日々があって、何度も遺稿集を開く。「思い出」の章だけでもいろいろな表情を見せた。謡子さんに一度か二度しか会っていないと白状して追悼文を書いている有名人はみな先生の知り合いだ。先生はそういう人びとで謡子さんの棺を飾りたかったのかと思い、わたしの悲しみは屈折する。恨みごとめいてくるが訴えるところがない。

当時を先生は次のような句にした。

ほら穴よ母のピアノにただよう子　（『さくら鍋』より）

妻のたどたどしいピアノの旋律の中に幽鬼の気配がある。暗闇にほのかに漂う愛娘の幻影。掌中の珠であった「多田謠子」という存在はもう気配でしかなくなっている。妻の真っ暗闇の日々を詠むのに先生は少しおどけてみせる。「読み込み」や「懸け詞」の技法は伝統的な文芸の知的ゲームである。それを読み取るのもゲームで、そこに余裕の微苦笑や遊び心が躍動する。先生の呟きは一見おどけているが、内実は呻き声だ。呻きながらおどける。この句が持っている凄みをわたしは徐々に理解した。あの家を「ほら穴」と見立てる凄み。ピアノに向かう母親も生きているのかいないのか、それを聞く父親も同じ幽鬼である。暗がりの中にただようものの気配。二人は背をそむけ合ったまま娘の幻を抱きしめようとしている。この世界は半ばあの世である——こう思えるようになるにはずいぶん時間を要した。

長いことわたしは前半の晴れやかな広々とした思い出を封印していた。しかし『多田道太郎著作集』の再読をはじめると急にタガが外れる。『著作集』VIの月報の中に山田稔「われ回顧す、ゆえに……」を見つけて懐かしい時間をよみがえらせた。先生は山田さんのことを常々「回顧の人」といっていて、このタイトルのエッセイもある。

「一九七八年夏のパリ。私は多田さんとセーヌ河をバトー・ムーシュに乗って遊覧中だった。荒井健・とみよ夫妻も一緒だった。（略）私たちは美女の奏でるハープのしらべをききながらシャンペンで再会を祝した。「むかし、〈多田さん、何か金もうけの口ないでしょうか〉言うて訪ねて来たあの山田稔がいまこうしてパリでシャンペンで乾杯するなんて、感慨無量やなあ」「そうですねえ」そして私たちは往時を回顧しつつあらためて杯をかかげたのである」

暮れなずむセーヌ河の風が心地よく酔いのまわった頬を撫でた。あの夕べのひと時をわたしは忘れることができない。多田夫妻は謠子さんの結婚準備という大切な用も兼ねていた。パリで結婚式のためのドレスを探すのである。白と青、地中海ブルーというべきか、二着シンプルなドレスを買った。いかにもパリ仕立てのドレスをあれこれ批評しながら、わたしたちは笑いさざめいた。多田夫妻にこそ「感慨無量」はあったのである。パリでお酒を酌み交わす、それも多田・山田と共に。なり上がったのはわたしたち夫婦も同じであった。でも、一番幸せだったのは先生だ、たぶん。

先生の「感慨無量」という通俗性にわたしはすぐに反応できたが、山田さんにも健にもおよそ縁の薄いものだったのではないだろうか。山田さんの「そうですねえ」にはそれほどの感慨があったとは思われない。健などはパリくんだりまで付きあわされる迷惑に我慢の日々だったのである。

多田夫妻と山田さんはこの後、イギリスからアイルランドへ出かけた。山田さんの『旅のなかの旅』に描かれている。

もっと若いころのこと、立杭焼を見に行こうと先生は思い立った。東京から陶芸家が京都に来ていてその人を喜ばせたかったようだ。陶芸家は大槻鉄男の友人だった。先生は早々と車の免許をとっていた。二台の車での陶芸村見学は楽しかった。高校教師のわたしには明日の授業も気にかかり、せっかくの日曜日を留守にする母親という引け目もあったはずだが、先生をとりまく遊びの空気の贅沢さしか覚えていない。長いパリ留学から帰ってきたばかりの大槻さんはわたしを独身者のように扱ってからかったりした。夕食は神戸に戻ってきて元町のギリシャビレッジ。

謠子さんの死でこういう時間が突然に断ち切られた。しかし、先生は少しも怯んでいなかった。九〇年代に入ると『多田道太郎著作集』の刊行が始まった。これには各巻にタイトルがついている。Ⅰ「ラ・フランス」、Ⅱ「複製のある社会」、Ⅲ「しぐさの日本文化」、Ⅳ「日本人の美意識」、Ⅴ「現代風俗ノート」、Ⅵ「ことばの作法」。

この出版記念会はいつものパーティーにもまして盛大だった。ホテルの大宴会場に華やかな若い女性が溢れていて、『著作集』の装幀の豪華さに似ていた。その装幀担当は天野祐吉、横尾忠則。各巻のカバーに古い絵葉書を使い、横尾が鮮やかな人工着色をほどこしている。古さと新しさの混合する多色刷りのにぎやかさは当時の先生を取り巻く雰囲気に通じるものがあった。担当の編集者を壇上で紹介し気炎を上げていた。謠子さんが亡くなってもめげてはいない先生の姿を遠望する、そういう場所へ引きさがろうと思うようになった。

『著作集』の巻末はすべて加藤典洋と先生との対談で飾ってある。先生自身によるその企画についても、それがいかに独創的で他に類を見ないものかを繰り返し自慢した。「先生の新しい花ね」とわたしは冷やかしていた。

「新しい花」とは、山田さんが「転々多田道太郎」に書いている。「転々」は、先生の『転々私小説論』のもじりだが、そこで桑原武夫の批評を紹介する。「多田は、美しい花から花へ飛びまわる蝶みたいなやつやな」。同じことを「浮気性」という人もいた。多田先生にとって花は、女の場合もあったかもしれないが男の方が多かったのではないだろうか。とくに若い才能に出くわすといかにも楽しげだった。電気製品やゲーム機の新商品に夢中になるときも同じ。それがそのとき先生が蝶々になってとまる花なのだ。

「われ回顧す、ゆえに……」と「転々多田道太郎」と合わせて読むと、多田先生と山田さんの長い年月が浮かび上がる。その背後に「日本小説を読む会」という山が連なる。二人は、「こないだは、どうも」といって、ほんの昨日のことでも小さな物語に組み立ててしまう。その軽妙なやりとりは、「読む会」をひときわ楽しくにぎわした。同じ話で何度も笑ったものだ。山田さんの回顧癖の相方は多田先生に極まっていた。少なくともわたしの中ではいつもそうだった。「転々多田道太郎」の冒頭に次の場面がある。

卒論を準備中の山田青年は、ある日東一条と百万遍の間、京大の西部講堂の前をゆく人を目撃する。「あれが多田道太郎や」と同道の友人がいう。「痩せた背をかがめ、細い首をやや突き出すような姿勢でゆっくりと」歩く人、「何よりも目を惹いたのは額のひろさだった。退化した肉体が巨大な頭脳をのせてひょこひょこ歩いている」。火星人みたいだというのが山田青年の第一印象だった。これが二人の出会いである。「転々多田道太郎」となって仕上げられるのは二〇一〇年、半世紀後だ。

『著作集』にもどると、Ⅲ巻の「しぐさの日本文化」が第一回配本である。やはりこれがいちばん人気なのだろう。だから巻末の対談にも一段の気合いが感じられる。二人は「せり上がりとせり下がり」を論じている。旧制高校時代、先生はボードレールによって文学青年に堕してしまって、たちまちふてぶてしいスタイルを身につけた。

多田「スリー、ツー、ワン、ゼロとカウントダウンして何となく耐えるほうがどうも人生として楽しいやないか」と思うようになる。一面「僕の中に、カウントアップしていくような面もあるんですね。いわゆる秀才なんですよ。アップしていこうと思うとかなり面白くアップできるわけです」（略）

加藤「いや、多田さんはとんでもない秀才ですよ（笑）」

多田自身も、その証明として、二十四歳のときに翻訳したサルトルの『唯物論と革命』は『サルトル全集』に載り続けていると自負する。いわゆる大先生たちを差し置いて大学院生の多田訳は長く精彩を失っていないのだと。

「僕はせり上げとしてはかなりのとこ行ってたんだよ」

この話は次に出てくるエピソードでより意味が深くなる。あるとき桑原武夫に「きみは秀才ばっかり、あるいは天才に近いような人ばっかりと付き合ってしんどいやろなあ」といわれた。鶴見俊輔らと付き合って『思想の科学』の編集を手伝い、そこに集う煌めくような秀才たちを見てほんとに悩んだ。書こうとするとせり上がりたい、でも、上がりきれない。その屈折した気持ちが「国定忠治論」を書かせる。「漫才の思想」とかへ向かう。底辺をテーマにすることでずり下がろうとする。

来日したサルトルが当時先生の住んでいた枚方の公団住宅テラスハウスを訪問したことはトピックスだった。そのとき先生は「ほんと惨めだったね」と加藤に打ち明ける。サルトルに対して「あなたみたいに、せり上がりをシステマティックにやろうという気はない」という気持ちをうまく伝えることができない。語学力のせいではない、自分の人生観をサルトルに理解してもらうのが不可能だと分かるからだ。「惨めだった」といいながら、先生はやや誇らしげである。

こうして先生は加藤を相手に、十代でフランス文学に出会って以来「低さ」を唯一の生きる糧にしてきたと語る。延々と語る。鋭い加藤は、多田道太郎と鶴見俊輔の微妙に揺れてざわめく関係を読みとっていく。かなりぎりぎりのところで、「でもやっぱり私はこれです」と低さのところで身構えてきたと、なんだか先生の調子が告白めいていく。加藤は「それが多田さんの仕事です」と持ち上げる。

こうした自己分析がこれほど素直に語られることは現実にはあまりなかった。若い対談相手に出会えたことがほんとに楽しいのだ。出版当時、わたしはその先生の熱中ぶりにとまどったが、議論の意味が明瞭には読みとれないままだった。

対談は「せり下がり」や零落趣味など、先生の落ちぶれ志向をめぐって延々と続き、熱を帯びるのだが、今もわたしの方に微かな不快感が生じる。悪寒のようなものが残る。こういうことが時々あった。先生の話にフィクションを感じること、それに異議を唱えたいときがあった。しかし、しっかり反発することができないままであった。ねじ伏せねばならないのは先生のレトリックに感応している自分自身だったのではないだろうか。だからいつまでもそのあたりにあいまいなもやがかかっている。

時代が高度成長期に入るころ、先生は宇治に転居、大きな家が建った。巨大な石垣が組まれた。ある日は玄関の戸を自慢して「外車が買えるくらいの値段やで」といわれた。それがいくらほどのものか、車を持たないわたしは知らないのでぽかんと口を開けていた。先生には不満だったろう。またある日は庭の一角に新しい塀が建った。

屋根に瓦が葺いてある珍しい塀で中が本棚になっていた。見た人がみなアッと驚くのを眺めて先生は満足そうだった。

わたしたちも建売の小さな家を購入したころだ。田舎の大きな家で育ったので、家はできるだけ小さいのがいいと思った。だから、掃除のしやすいおもちゃのような家が気に入って、そのまま現在に至っている。時々、あの塀の建築費はうちの家よりも高いのだろうなあと夫と笑った。宇治に雪は降らないから戸が開かない心配はないが、「雨の降る日はどうするんですか」と聞かずにいられなかった。家居《いえい》で人柄は推し量られるというではないか。これはどう見ても成り上がり趣味だ。「低さ」を語られれば語られるほど、あのときの違和感が思い出される。単純な成り上がり趣味でないだろうが、裏ぶれ好みとはとてもいえない。

別のところでこんな発言がある。「僕は自分で家を作っておきながらその中ですぐ窒息してしまうようなところがある」。これは重大な告白のように思う。あの大きな家はすぐに雑然とした物置になってしまったのである。もともと段差が多く片づけにくい設計でもあったが、整理ができていない古書店のようになった。空間のすべてが本に占領された。また、酒やワイン、ウイスキーの瓶で埋められている一角もあった。

台所の凄さはいうに及ばず。パーティーをするというとみんなで大掃除をしたものだ。一年間の埃が火鉢の下に固まっていた。徳利の中からカビの塊が出てきた。多田夫人は掃除が嫌いだったのだ。広い庭もすぐに雑木林めいた。その中の山桜の木は大きく枝を張り古さびた。その桜があの家でいちばん好きだった。

たぶん、それらが先生の窒息を救ったのだ。夫人の掃除嫌いが救いだった。これ以上のパートナーはないのである。電話のたびに「掃除をせえへんいうて怒るねん」という夫人をなだめるのはむずかしかったが、それこそが先生の精神の平穏を助けていた。あの家は複雑で謎めいた森だ。雑木林のような庭よりももっと深い森だ。そこにわたしは魅惑されてきたのだろう。時に怖ろしかったが、わたしを育てた場所でもあった。

先生の葬儀をとりしきり、その後の夫人の入院も世話をしたのは「読む会」の竹尾茂樹さんだった。あの家の後始末という大事業を明治学院大学の学生を連れてきて楽しそうにやってのけた。それら雑事に片が付いたとき、「読む会」の同窓会で彼は先生の蔵書の主な贈呈先がテヘラン大学だと報告している。わたしは彼に塀の中の本はどうなったか聞かずにはいられなかった。湿ってふやけてカビが生えていたと笑った。

——そうか、先生はついに落ちぶれることができたんだ——しかし、分からない。なぜそのために莫大な費用を使って塀を作り、本棚を組まねばならないのか。やおら本を探しに玄関を出てそこに向かう、その短い間の思索がきわめて貴重なのだと先生はいっていたけれども。

「転々多田道太郎」には先生の最後の姿が描きとどめられていて、先に書いた冒頭の出会いの肖像と照応している。二〇〇四年、山田さんは多田夫人に求められて訪問する。会話は途絶えがちである。何よりも先生から表情が消えている。庭で鶯が鳴いている。眠っているのかと見えた先生が椅子から立ち上がろうとする。小用をもよおしているらしい。自分自身を壊れ物でも扱うように必死で全身を持ち上げる。

「髪毛がとぼしくなっていちだんと大きさの目立つ頭部と細く脆い体が、あやうくバランスをとりながら移動して行った。すこし進んでは止まり、息をつぎ、また動きだす。もはや誰の助けも求めまいと心に決めたかのようにこちらには目もくれず、ひたすら前方をながめながら懸命の緩慢な歩みを彼はつづけた」

「スリー、ツー、ワン、ゼロとカウントダウンして何となく耐えるほうがどうも人生楽しいやないか」と先生はいった。わたしが最後に会ったのは二〇〇七年、もう先生は椅子から立ち上がることができなくなっていた。死はその年の十二月二日、奇しくも八十三歳の誕生日だった。カウントダウンに耐えることが楽しいですかと聞く勇気はいまもないが、朽ちた本棚と先生の最後の歩行がわたしに教えることはとても大きい。

あとがき

本書は、同人誌「水路」（編集・藤野健一、加藤多美子）26号から29号に連載したのを中心にまとめたものです。雑誌の出るたびに、山田稔、佐々木康之、宇佐美斉の三氏が集い、貴重な批判と証言を語ってくださいました。三氏はわたしよりも多田先生に親しかった人たちですので、大きな励ましでした。三氏こそ、多田道太郎からわたしが受け継いだ遺産なのです。最後にいいことはただ一つ、仰げば尊しわが師の恩。
なお、整理・編集にあたっては澗沢純平氏のお世話になりました。みなさまに感謝いたします。

荒井とみよ

二〇二三年一月

荒井《あらい》とみよ

一九三九（昭和十四）年、福井県に生まれる。

奈良女子大学卒業。元大谷大学教授。

著書

『女主人公の不機嫌』（二〇〇一、双文社出版）

『中国戦線はどう描かれたか』（二〇〇七、岩波書店）

『詩人たちの敗戦』（二〇一六、編集工房ノア）

編著

『女の手紙』（二〇〇四、双文社出版）

物《もの》ぐさ道草《みちくさ》

――多《た》田《だ》道《みち》太郎《たろう》のこと

二〇二三年三月十五日発行

著　者　荒井とみよ

発行者　涸沢純平

発行所　株式会社編集工房ノア

〒五三一―〇〇七一

大阪市北区中津三―一七―五

電話〇六（六三七三）三六四一

ＦＡＸ〇六（六三七三）三六四二

振替〇〇九四〇―七―三〇六四五七

組版　株式会社四国写研

印刷製本　亜細亜印刷株式会社

ISBN978-4-89271-366-8